OLIVIER MORVAN

OLIVIER MORVAN

(1754-1794)

ÉTUDE BIOGRAPHIQUE & LITTÉRAIRE

PAR

M. René KERVILER

Lauréat de l'Académie Française

SAINT-BRIEUC

IMPRIMERIE-LIBRAIRIE-LITHOGRAPHIE L. & R. PRUD'HOMME

1888

LES POÈTES DE LA SOCIÉTÉ PATRIOTIQUE DE BRETAGNE

—

OLIVIER MORVAN

(1754-1794)

Dans une étude fort intéressante qu'il a récemment publiée sur le dernier sénéchal de Corlay (Barthélemy-Pelage Georgelin, poète et secrétaire perpétuel de la *Société patriotique* de Bretagne), M. Trévédy a donné de curieux renseignements sur cette académie du dernier siècle, qui avait plus d'un rapport avec notre *Association Bretonne :* mais les papiers de Georgelin, dont s'est servi mon honorable collègue de la Société archéologique du Finistère, avaient été déjà en partie dispersés et présentaient des lacunes regrettables, en sorte que la physionomie de la *Société patriotique* n'a pu encore être mise en pleine lumière. Telle quelle cependant, elle présente un relief déjà bien accusé et d'un puissant intérêt pour les Bretons : j'espère pouvoir ajouter quelques nouveaux traits à cette esquisse et la compléter assez pour engager tous les membres de l'association qui s'occupent de l'histoire littéraire de notre province, à rechercher attentivement et le plus tôt possible (car une foule de papiers précieux se perdent tous les jours), les documents épars dont l'ensemble constituera un jour le tableau achevé. Une des pièces les plus intéressantes, retrouvées par M. Trévédy, est la liste des membres de la *Société patriotique,* telle qu'elle existait en 1784, divisée en ses deux sections ou tribus, la *tribu des vertus* et la *tribu des talents.* Dans cette dernière, à côté des noms retentissants de Thomas, Necker, La Harpe, Rochon, Ginguené, de Pommereul, Ogée, Bagot, Graslin, etc., je rencontre le nom beaucoup plus humble d'un avocat de Quimper, Olivier MORVAN, poète à ses heures, qui fut lauréat de l'Académie française en 1787, et qui devait, plus tard, en juin 1794, monter sur l'échafaud dressé par le tribunal révolutionnaire de Brest, avec ses 25 collègues de l'administration centrale du Finistère. La Bretagne a eu en lui, je ne dirai pas son Chénier, mais au moins son Roucher. Or, une heureuse circonstance a mis entre mes mains tous ses papiers littéraires, pieusement conservés par une de ses descendantes, Mlle Adrienne Morvan, fille du général de division du génie, mort à Lorient en 1873, à 87 ans, après avoir pris part à onze campagnes, neuf sièges et plus de cinquante actions de guerre. Dans ces papiers, se trouve une curieuse correspondance au sujet d'une ode que Morvan composa en 1784 en l'honneur de la *Société patriotique* qui venait de l'admettre parmi ses membres, et j'imagine que l'on prendra quelque intérêt dans la connaissance intime du poète avocat, si malheureusement fauché par le tribunal révolutionnaire, et dans un petit voyage autour de la Société qui tenait ses assises, il y a juste cent ans, au château de Keralier, dans la presqu'île de Rhuys.

I

Premières Poésies. — L'Ode sur le jeu.

Descendant d'une ancienne famille de robe, *Olivier-Jean Morvan* naquit à Pont-Croix le 15 mai 1754 et fit de bonnes études au collège de Quimper, où l'on conservait, en 1770, sous des maîtres ecclésiastiques, les traditions de l'ancienne direction des jésuites, dispersés au moment où le futur poète commençait ses classes. Le souvenir du P. Hardouin et du P. Bougeant, tous deux nés à Quimper, y était encore très vivace ; Morvan le rappela plus tard dans une de ses épîtres, et le professeur de rhétorique, l'abbé Noël d'Aulny, en relation avec le directeur de l'*Année littéraire,* Elie Fréron, encore un Quimpérois, initiait ses élèves à tous les secrets enviés de ceux qu'on appelait alors les nourrissons du Parnasse. Avant de se faire recevoir avocat et de s'inscrire au barreau du présidial, Morvan songea d'abord au séminaire et même au couvent. J'en trouve la preuve dans une épître inédite qu'il adressait vers 1775 à l'un de ses camarades, nommé Migeot, qui venait d'entrer dans les ordres, et j'en extrais tout de suite ce fragment qui donnera une idée de son caractère et de ses sentiments : elle est écrite dans la manière de Gresset et d'une allure assez vive, mais dans le ton de scepticisme religieux qui caractérisait alors la littérature même provinciale :

....

Sortant de philosophie
Où je fus toujours heureux,
D'abord la théologie
Parut sourire à mes vœux ;
Mais mon esprit téméraire
Ne pouvant par ses efforts
Percer l'ombre salutaire
Dont Dieu couvre ses trésors,
Ne pouvant d'aucun mystère
Saisir la sublimité,
Je laissai le séminaire
A sa sainte obscurité.

Depuis, mon cœur en balance
A flotté pendant six mois
Entre Bernard et François (1).
Bernard m'offrait l'opulence
Avec le soucis rongeur ;
François m'offrait l'indigence
Et le solide bonheur :
Mais que l'âme est indécise,
Quand par des vœux solennels
Il faut épouser l'Eglise

(1) C'est-à-dire entre l'ordre des Bernardins et celui des Franciscains.

Et s'attacher aux autels !...
A force d'être agitée
Par une sainte terreur,
Mon âme est précipitée
Dans une triste langueur.
Adieu l'aimable folie
Qui m'accompagnait toujours :
La sombre mélancolie
Vint obscurcir mes beaux jours !
Pour moi, la nature entière
Devint un objet affreux :
Aux rayons de la lumière
A regret j'ouvrois les yeux.
Quand de ses voiles funèbres
La déesse des ténèbres
Venait chasser le soleil,
Quand la nature en silence
Goûtait l'heureuse influence
Des doux pavots du sommeil,
Moi seul assiégé d'alarmes
Sur le trône du repos
Versais des torrents de larmes
Sur l'image de mes maux ;
Et mes pleurs coulaient encore
Quand de son premier rayon
La tendre et fidèle aurore
Venoit dorer l'horizon.

A cette histoire touchante
Je te vois verser des pleurs :
Ton âme compatissante
S'attendrit sur mes malheurs.
Mais de mon sort déplorable
Pourquoi plaindre la rigueur ?
Enfin le ciel favorable
A terminé ma douleur.
Cependant ne va pas croire
Que je suis aux Capucins,
Ou qu'infidèle à la gloire

Je végète aux Bernardins :
Thémis possède mon âme,
Elle a jeté dans mon cœur
Un trait brûlant qui l'enflamme
De la plus sincère ardeur.
Depuis une année entière
J'entends le son de sa voix,
Dans un brillant sanctuaire
Elle me dicte ses lois :
Déjà la faible innocence
Vient implorer ma puissance
Contre ses fiers agresseurs :
Lancé par ma main novice
La foudre de la justice
Terrasse ses oppresseurs....

Voilà donc maître Olivier Morvan, avocat militant au présidial et s'y fixant bientôt définitivement par son mariage avec *Jeanne-Marie Danguy des Déserts,* fille d'un ancien maire de Quimper, député aux Etats de Bretagne en 1775. Mais les causes n'étaient pas très nombreuses et lui laissaient des loisirs pour hanter le Parnasse, comme on disait avec Boileau et Delille, et courtiser la muse. Je ne citerai point, même par extraits, les nombreuses pièces inédites que j'ai rencontrées pour cette époque dans le dossier de Morvan : tout cela sent trop l'école, et respire une honnête médiocrité : et puis ce style n'est plus de notre temps : la littérature épicée de nos jours n'y trouverait aucun sel : je pourrais y rencontrer, par exemple, un épithalame débutant par ces vers :

Enfin le tendre hyménée
Vous entraîne sous sa loi.
Une épouse bien aimée
Vient de vous donner sa foi.

On y pourrait contempler

.... Ce front que colore
Le rouge de la pudeur :
Ces lèvres où semble éclore
Le souris de la candeur.

Ame y rime avec *flamme, désirs* avec *plaisirs ;* tout échappé de rhétorique pourrait écrire de ces stances à la douzaine : c'est du poncif du meilleur aloi : mais cela n'est plus de mode. Je choisirai cependant, au milieu de tout ce fatras sans consistance, une adresse à Louis XVI pour lui demander la reconstruction du présidial, de l'hôtel de ville et des prisons de Quimper qui tombaient en ruines. Outre que cette pièce présente un intérêt particulier pour l'histoire locale, il n'est pas mauvais de constater ces protestations de dévouement absolu, de la part d'un futur membre de l'Assemblée départementale de 1793. C'est une épître en grands vers alexandrins, dans le ton noble et soutenu :

Au Roi.

Louis, c'en est donc fait, tu poses le tonnerre
Qui jusqu'au bout du monde a fait mugir la guerre,
L'olive de la paix a brillé dans tes mains :
Quel présage plus beau du bonheur des humains !
Je vois de toutes parts nos cités renaissantes
Relever à ta voix leurs têtes languissantes,
Et Neptune abreuvé du sang des matelots,
Enchaîner la discorde errante sur les flots.
Dans ces jours fortunés où ta main paternelle
Verse à chaque moment quelque faveur nouvelle,
Un doux espoir m'arrache à mon obscurité :
Je viens pour ma patrie implorer ta bonté.
Que ne puis-je, ô grand Roi, te retracer l'image
Du séjour où Thémis nous voit lui rendre hommage (1),
Que je voudrais fixer tes augustes regards
Sur cet affreux réduit croulant de toutes parts,
Réduit où le soleil au haut de sa carrière
Fait luire faiblement un rayon de lumière,
Où ces hommes sacrés, organes de tes lois,
Où Thémis dont le trône est le trône des rois,
Où le lys immortel qui couronne la France,
Offrent à peine aux yeux l'ombre de ta puissance.

(1) Le présidial.

— Ce corps de citoyens créé par tes aïeux (1)
Pour porter à nos rois notre hommage et nos vœux,
Ce corps dont le destin fut toujours d'être utile
Pour tenir ses conseils ne trouve point d'asile.
— Je porte mes regards sur ces lieux pleins d'horreur (2)
Lieux qu'habitent la faim, le crime et la douleur.
C'est peu que tous les maux y déployant leur rage
S'unissent pour venger les lois que l'on outrage.
J'y vois le malheureux aux fers abandonné
S'abreuver à longs traits d'un air empoisonné !...
Parle, on verra bientôt les mains de l'industrie
D'utiles bâtiments embellir ma patrie.
Qu'il sera doux pour toi de combler nos souhaits !
Le règne de Louis est celui des bienfaits,
Tout le bonheur des rois n'est pas dans la victoire
D'augustes monuments parlent mieux de leur gloire.
Que l'un de tes aïeux (3) brille au rang des guerriers,
L'humanité gémit sur ses sanglants lauriers ;
Qu'il prépare un asile aux victimes des armes (4),
Sa bonté nous pénètre et fait couler les larmes.
Princes, par vos exploits vous êtes immortels
Mais c'est par des bienfaits qu'on obtient des autels.

Il y a progrès sensible, on le voit : le vers est sonore et bien frappé : je ne connais pas la date exacte de cette pièce, mais dans une autre épître à *Mgr le Comte de Montmorin, gouverneur pour le roi en Bretagne,* à qui elle fut présentée lors de son voyage à Quimper vers 1784, je vois qu'elle était composée depuis quelque temps déjà :

A Mgr le Comte de Montmorin, commandant pour le roi en Bretagne.

Des rives de la Seine aux bornes de la France
Du plus juste des rois on bénit la puissance ;

(1) L'hôtel de ville.
(2) Les prisons.
(3) Louis XIV.
(4) Les invalides.

Qu'il est doux d'habiter le fortuné séjour
Où son peuple à l'envi lui prouve son amour !
Si je pleure de joie au seul nom de mon maître,
Paris ! que fais-tu donc quand tu le vois paraître ?
Pour nous, hélas ! jamais sur nos tristes remparts
Louis n'attachera ses augustes regards !
Sans relâche occupé des soins du rang suprême
Il ne peut un moment quitter le diadème :
Mais jaloux d'assurer notre commun bonheur
Sa bonté nous envoie un dieu consolateur :
L'illustre Montmorin, dont la vertu sublime, etc.

Et l'épître se termine ainsi, après un long et pompeux éloge du commandant en chef :

.... L'amour de la patrie
Retraçant nos malheurs à mon âme attendrie,
Je voulais à Louis en offrir le tableau,
Mais le respect toujours arrêta mon pinceau.
Mes vers, ô Montmorin, condamnés au silence
Semblaient pour s'animer attendre ta présence.
Sur le cœur d'un ami tu connais ton pouvoir,
Un seul mot et Bourbon couronne notre espoir.

Aucun de ces vers n'a été publié ; mais ils étaient connus de tout Quimper et des villes voisines, où le moindre bourgeois de bon ton se piquait alors de poésie, ainsi qu'on peut s'en convaincre en lisant les publications récemment consacrées par M. du Chatellier à Théophile Laënnec, et par M. de Pompery à sa charmante grand'mère Audouyn. Aussi la réputation de Morvan s'étendait-elle au delà de la ville, et j'en trouve la preuve dans cette lettre bizarre qui lui fut écrite du Pont-L'abbé, le 5 octobre 1784, par un avocat nommé Férec, et qui nous offre un trait de mœurs locales fort piquant. Je n'en supprimerai pas un seul mot : ces choses-là veulent garder toute leur saveur :

« Monsieur et cher confrère,

M. La Fourcade, mon beau-frère, se marie dans huit jours à

Mme Veuve Le Gat. Nous désirons tous lui faire un charivari. C'est dans ce païs un divertissement pour les gens de bien : mais il faut une chansonnette et vous êtes l'homme le plus propre à la composer. Bien entendu que la chose sera secrète et pour vous et pour moi.

Voici la matière. La future (qui se nomme *Pélagie)* est une veuve de 30 ans, qui a la vocation la plus décidée pour le mariage : cela fournit beaucoup de généralités vagues. Le futur a 26 ans : il a fait la guerre durant 8 années dans le camp d'Hider-Aly, comme volontaire dans l'Inde. La veuve doit avoir un ajusté blanc pour ses noces : cette couleur, simbole de la virginité, peut faire un contraste avec son état de veuve ; elle a fait 7 enfants : elle en a 5 aujourd'hui. Ce genre, vous le savez, prête à la gaieté, il faut ce qu'on appelle des turlupinades. On désireroit que la chanson fût d'environ 8 couplets et sur un air consacré dans ces occasions-là. Voici la mesure des vers. Il est inutile de vous dire que c'est un couplet d'une pitoïable chanson composée ici : mais la mesure est exacte.

Peuples, faites silence,
Ecoutez mes accens :
De votre impatience
Calmés les mouvemens.
Je chante Rosalie
Et ses divins appas ;
Amis, point de folie
Ou ne chanterai pas.

Ne vous gênez point, mon cher Morvan. En cas que vous aiéz la complaisance de faire quelques couplets, il faut dans ce genre-là des choses gaies, des charades.

Je suis avec le plus sincère et le plus respectueux attachement, Monsieur et ami, — votre très soumis et très affectionné serviteur. — Férec. »

Mais le rôle de ménétrier de charivari ne convenait plus à Morvan, dont le *Mercure* avait récemment accepté une ode, lue solennellement par De Saint-Ange au *Musée de Paris* qui lui avait décerné le titre de correspondant ; et j'imagine qu'il n'eut même pas la tentation d'ébaucher la chanson La Fourcade, car je n'en trouve pas trace dans ses papiers. Pour lui c'eût été désormais déroger,

C'est en 1783 qu'il composa l'*Ode sur le jeu*, qui établit sa réputation au delà des limites de sa province. Un livre du philosophe Dussaulx, intitulé *La passion du jeu* et publié en 1779, lui était tombé sous la main : « En le lisant, écrivait-il à Dussaulx le 7 juillet, j'ai été saisi d'un enthousiasme que je n'avais jamais éprouvé jusqu'ici : la force et la vérité de vos tableaux, l'énergie de votre style, tout m'inspirait des sentiments que je ne saurais exprimer..... » Il les exprima pourtant, car il en fit une ode qu'il adressait au philosophe en le priant de lui en indiquer les points faibles et de la corriger. « Je vous adresse, Monsieur, une espèce d'ode ou un amas de stances que je regarde autant comme votre ouvrage que comme le mien : vous verrez, en effet, que je n'ai fait, pour ainsi dire, que versifier vos propres idées. J'étais rempli de votre livre ; je suis donc inexcusable si j'ai fait de mauvais vers...... » Et pour mieux s'attirer les bonnes grâces du traducteur de Juvénal, il avait composé les deux dernières strophes avec son éloge :

O toi, philosophe sublime,
Toi qui, jeune encor, fus victime
D'un fléau terrible aux humains,
Pour peindre ses effets tragiques
Il faut ces crayons énergiques
Que la patrie en pleurs a remis dans tes mains.

Nous voyons les livres futiles
Tomber dans un oubli honteux ;
Mais tes écrits toujours utiles
Instruiront nos derniers neveux.
Celui dont l'austère éloquence
Des mœurs attaque la licence,
Est l'ami de l'humanité :
Le temps respecte sa mémoire,
Son nom, sur l'aile de la gloire,
Volera triomphant à l'immortalité.

Dussaulx fut très sensible à cet hommage, et il voua désormais à Morvan une affection qui ne se démentit jamais. Il lui envoya un exemplaire de sa traduction de Juvénal, prit la peine de corriger deux ou trois fois son ode et de lui donner d'excellents conseils : Morvan avait conservé sur ce sujet toute une correspondance très littéraire dont je n'ai pas le loisir de citer les détails trop techniques, et il gardait précieusement un de ses manuscrits corrigé de la main de Dussaulx. Lorsque l'ode fut à point, Dussaulx s'en fit le patron au *Musée de Paris* et au *Mercure,* et il écrivait à Morvan le 9 janvier 1784 :

Paris, le 9 janvier 1784.

Monsieur, ce fut hier un beau jour pour vous dans le *Musée* de Paris ; votre ode supérieurement lue par M. de Saint-Ange y fut généralement applaudie de strophe en strophe. Ce fut aussi un très beau jour pour moi, puisque je fus chanté par un poëte qui réunissoit tous les suffrages. Ne croyez pas cependant, Monsieur, que j'aye été là pour m'entendre louer en face. Le piége m'avoit été habilement tendu par M. de Saint-Ange : je me figurois qu'il s'agissoit de ses *Métamorphoses,* et je ne me trompois pas : mais votre ode lui étant parvenue pour le *Mercure,* il en voulut donner la fleur à son *Musée.* Au reste, l'assemblée étoit des plus brillantes : il y avoit au moins deux cents personnes. On y a lu bien des pièces ; la vôtre a remporté la palme. Courage, Monsieur, vous êtes né pour aller loin tant en prose qu'en vers ; et cela, parce que indépendamment de votre valeur vous avez beaucoup d'âme et surtout une belle âme : *Pectus est quod disertos facit.* Quatre heures après la lecture de votre belle ode on en parloit encore en sortant ; on en relevoit la noblesse, le nombre, la poésie et l'extrême sensibilité. Quelques uns regrettoient que le jeune poëte fut si éloigné de la capitale : comme s'il étoit interdit aux habitants de Quimper d'avoir du goût et du génie. Enfin, Monsieur, votre triomphe a été complet, et je puis vous dire en conscience que mes entrailles en ont tressailli.

Votre ode ne paroîtra dans le *Mercure* que vers le milieu du mois prochain : je suis persuadé qu'elle se fera lire avec autant de plaisir qu'en ont déjà éprouvé les auditeurs......

DUSAUT. *(sic)*

L'ode de Morvan fut en effet insérée dans le ***Mercure*** de mai 1784. En voici le début ;

Quel est donc ce monstre perfide
Qui, sous un appât séducteur
Promet de l'or à l'homme avide
Et ne lui vend que le malheur ?
Autour du fantôme sinistre,
L'avarice, assidu ministre,
Veille à la lueur des flambeaux :
Sur ses pas la morne indigence
Dévorant ses maux en silence
Traîne, au sein de l'horreur, ses funèbres flambeaux.

C'est le jeu ! c'est ce Dieu barbare
A qui les aveugles mortels
Dévorés d'une soif avare
En tous lieux dressent des autels !
Jeu cruel, quelle est ta puissance !
L'âge, le sexe, la naissance
Tout est en proie à tes fureurs !
Chaque jour étend ton empire,
Un monde au comble du délire,
Poursuit, l'or à la main, tes coupables faveurs.

Il y a dix strophes sur ce ton : je vous en ferai grâce et me contenterai de citer encore ces quelques vers où Morvan décrivant « les réduits obscurs où le monstre va cacher ses forfaits » représente le joueur « l'œil égaré, le front livide, » en proie à toute la fureur de sa passion :

L'or a brillé, le jeu s'anime :
Chacun dépouille sa victime ;
Les tigres sont moins furieux.
Le hasard est le Dieu suprême :
Sans cesse l'aveugle blasphême
De sa voix sacrilége épouvante les cieux...

Il est difficile de tenir pendant cent vers le souffle également puissant, la voix également haute. On peut reprocher à l'ode de Morvan quelques répétitions de mots, en particulier *avarice* et *avare* qui reviennent trop souvent, quelques expressions faibles : mais le ton est en général soutenu et ce premier essai dans le genre lyrique promettait une belle carrière (1).

Le premier résultat fut pour le poète, outre l'amitié de Dussaulx, son admission immédiate dans la *tribu des talents* de la *Société patriotique* de Bretagne. Le secrétaire perpétuel, Georgelin, lui en expédia le brevet au mois d'août 1784, à la suite de sa proclamation dans la séance du 22 avril. Ici je dois ouvrir une parenthèse et présenter cette académie.

II

La Société Patriotique

La Société Patriotique de Bretagne était une académie fondée vers 1780 (2) par M. de Sérent, gouverneur de Rhuys, à l'instigation du sénéchal de Corlay, Georgelin, poète entre ses audiences, qu'il rencontrait souvent au château de Moustouerland en Malguénac, chez M. de Quérangal, dont la fille, la comtesse de Nantois, rimait comme une dixième muse. Son siège principal était au château de Keralier, en Sarzeau, près de Vannes, propriété du comte de Sérent et décoré du titre pompeux de *Temple de la Patrie* : c'est là qu'avaient lieu les réunions mensuelles ou trimestrielles. Agrégée au *Musée de Paris* et admettant parmi ses membres des étrangers

(1) L'ode sur le jeu a été reproduite dans plusieurs ouvrages, en particulier dans les *Notices chronologiques* de Kerdanet sur les écrivains bretons en 1818, et dans la *Muse bretonne* de 1811. La notice de la *Biographie bretonne* sur Morvan, a ignoré la publication dans le *Mercure de France* et dans la *Muse bretonne*, et ne cite que celle de Kerdanet qui aurait publié cette pièce comme inédite. La révélation du talent poétique de Morvan devant le public parisien, a été, dès 1784, cette *ode sur le jeu*, et je citerai encore d'autres publications de notre poète avant l'*Epître aux Muses* que la *Biographie bretonne* donne comme la première en 1786.

(2) M. Trévédy donne l'année 1783 comme date de la fondation. L'académie existait plusieurs années auparavant. Le diplôme de l'abbé Ruffelet daté du 22 avril 1782 en fait foi.

aussi bien que des Bretons, des femmes aussi bien que des hommes, la Société se divisait en deux sections ou tribus : la ***tribu des vertus*** et la ***tribu des talents***, sous la devise, ***pour Dieu, pour le roi et pour la patrie***, et chaque section se subdivisait en trois classes. Dans la tribu des vertus, on distinguait la classe des vertus ***héroïques***, la classe des vertus ***publiques*** et la classe des vertus ***privées***. Là figuraient le prince Czatoriski, le duc de Charost, le marquis de Toustain, Elie de Beaumont, le doyen de Guémené, le recteur de Sarzeau, M. de Quérangal, l'imprimeur Paul Vatar, le chirurgien Grimaudais, Mmes de la Bove, Necker, de Coatanscour et une foule d'autres élus, dont il faut lire le dénombrement dans la liste publiée par M. Trévédy. La tribu des talents se subdivisait en classe des talents ***sublimes***, classe des talents ***utiles***, classe des talents ***agréables***, et réunissait Marmontel, d'Alembert, Buffon, Thomas et La Harpe, membres de l'Académie française, Rochon et La Lande, membres de l'Académie des sciences, à côté du contrôleur général Necker, du président de Robien, des médecins de Vannes Goguelin et Aubry, des avocats de Rennes Gerbier, Lanjuinais, Bigot de Préameneu, Gohier, Loriot et Duval, du chanoine Ruffelet, du médecin de Saint-Brieuc Bagot, du jurisconsulte Baudouin de Maisonblanche, du capitaine d'artillerie de Pommereul, des marquis de Molac et de Piré, de Retif de la Bretonne, des bordelais Du Paty et Vergniaud, de Montgolfier, de Pilastre des Roziers, de Mmes de Genlis, de Nantois, de Beauharnais, de Bourdic, etc.

Le recteur de Sarzeau était ***premier pontife du Temple de la Patrie***, et les religieux du couvent voisin de Bernon portaient le titre de ***chantres et aumôniers ordinaires du dit Temple***, dont les orateurs s'appelaient ***tribuns du peuple***. Tous ces détails vont s'accentuer dans les quelques lettres fort intéressantes que je vais citer : mais il faut d'abord que nous fassions connaissance avec un orateur de la Société dont il sera plusieurs fois question : c'est un collègue de Morvan, un avocat de Quimper, Girard, poète aussi, comme presque tous les avocats de petite ville à cette époque, et plus tard président du comité révolutionnaire et du tribunal de sa ville natale. Il avait été admis vers la fin de 1783 comme auteur d'***Usements locaux*** fort estimés, et de l'article *Quimper* dans le ***Dictionnaire his-***

torique de Bretagne, et il venait de prononcer à Keralier un ***discours sur l'égoïsme ;*** Georgelin lui avait écrit :

Tu veux détruire l'égoïsme ;
Voici le secret le meilleur
D'obtenir ce succès par ton patriotisme :
Donne au public entier ton esprit et ton cœur.

Je préfère encore les vers de Morvan.

Maintenant que nos personnages sont en présence, je ne crois pouvoir mieux faire que de leur laisser la parole pour voir agir la Société Patriotique par ses membres eux-mêmes. Georgelin ayant prévenu Morvan de la présentation qu'il avait faite pour le proclamer membre de la Société à la séance d'avril et lui demander des nouvelles de Girard qui avait promis un discours, Morvan lui répondit le 5 mai 1784 :

« Monsieur et très honoré confrère, je ne suis que trop excusable de n'avoir pas plus tôt répondu à la lettre que vous m'avez écrite le 15 avril et que je n'ai reçue que le 21. J'étais fort malade. Ma femme qui vient de me donner un second enfant, était encore plus malade que moi : et les cris du marmot qu'elle allaitait, comme elle a allaité son premier, augmentaient encore notre mal. Enfin le père et la mère ne se plaignent plus : le fils aîné, âgé de deux ans, ne crie que de temps en temps et la fille qui vient de naître crie un peu moins le jour que la nuit. Je profite de ce premier moment de calme pour jouir du plaisir de vous écrire.

« M. Girard était plus sérieusement malade que ma famille et moi quand je reçus votre lettre. Son mal a fait trop de progrès, et difficilement il pourra recouvrer la santé. Il est enflé extraordinairement : c'est une hydropisie complète. Quand bien même il eût été en état d'aller faire *les fonctions d'orateur* à votre dernière assemblée, je n'aurais pas pu lui donner des vers de ma façon. Songez qu'un père de famille qui ne fonde toute sa cuisine que sur le maigre casuel de sa misérable plume d'avocat, songez que ce triste rimeur n'a pas toujours le temps d'implorer sire Apollon qui s'effarouche à l'aspect de la Coutume et de l'Ordonnance. Peut-être, hélas ! ne remonterai-je guère monsieur Pégase ! Vous m'annonciez comme certaine ma proclamation à l'assemblee du 22 : je désire que tout le monde ait été de votre avis pour me donner le titre de bon citoyen. Je crois que ce beau nom doit faire tressaillir les entrailles de tous les Bretons.

« Si j'ai été proclamé, ne craignez pas que je manque de faire des vers pour qui vous savez bien. Chut ! J'ai formé le projet d'une espèce d'ode sur l'établissement de la Société. Je désire pouvoir bien remplir mon objet : mais un premier succès n'est pas toujours garant du second. C'est ici cependant que je voudrais avoir le génie même d'Apollon : car il est bon que vous sachiez que j'aime ma patrie comme un Lacédémonien.

« Autre chose qui vous fera bien du plaisir si elle vous en fait autant qu'à moi. Je projette depuis longtemps un voyage au Guémené pour voir la famille de ma femme. Je tâcherai d'y aller au mois d'août : j'irai vous voir et nous pourrons de compagnie aller au *Temple de la Patrie*, où je me propose de réciter mes vers, si toutefois je les trouve bons. Quel plaisir pour moi de faire connaissance avec tant de personnages distingués par leurs vertus et par leurs talens ! C'est à Keralier que nous parlerons de beaux vers et de belle prose ! Le projet de mon voyage me remplit de joie. Peut-être trouverai-je bien des obstacles, car un pauvre père de famille voit naître à tout instant une foule d'entraves autour de lui. Je désire bien sincèrement que rien ne s'oppose à mon voyage. Vous ne sauriez croire combien je brûle de voir Mme la comtesse de Nantois. Quelle femme, mon cher confrère ! Qu'elle honore la Bretagne ! Quel plaisir de lire ses vers ! Qu'est-ce donc de les entendre quand ils sortent de sa bouche...

« J'ai l'honneur d'être, etc.

Olivier Morvan. »

L'ode fut en effet composée, et toute de verve, car dès le milieu de mai, Morvan en adressait le manuscrit au comte de Sérent. Elle se compose de 22 stances de six vers, et fut publiée au mois de septembre par l'*Année littéraire* qui recueillit cette année les œuvres de plusieurs Quimpérois, car j'y trouve Royou et Girard à côté de leur confrère du barreau du présidial. Je n'en aime pas toutes les idées : pour établir un contraste plus accentué, Morvan s'imagine que les Bretons n'ont été que des barbares jusqu'au temps de la reine Anne qui leur fit connaître les artistes d'Orient, émigrés en Italie après la prise de Constantinople par les Turcs : puis nouvelle éclipse jusqu'à la fondation de la Société Patriotique ; tout cela est manifestement exagéré, d'autant plus que Morvan consacre toute la première moitié de son ode à cet exposé de « l'ignorance de la tardive Armorique » et que la Société qui fait l'objet même de la pièce commence à apparaître seulement à la douzième strophe. Mais, en revanche, la versification de cette ode est bien supérieure à celle de tous ses autres ouvrages, et je lui donne même le pas sur celle qui fut distinguée plus tard par l'Académie française. Comme elle intéresse tout spécialement la Bretagne et qu'on peut la considérer à peu près comme inédite, car personne (1) n'a encore eu l'idée d'aller la rechercher dans la collection poudreuse de l'*Année littéraire*, j'en citerai la majeure partie :

Ode sur l'Etablissement de la Société Patriotique en Bretagne.

Prête-moi tes accords, ô divine harmonie !
De tes feux créateurs embrase mon génie ;
Viens, répands sur mes vers tes charmes ravissans :
Guide mon vol sublime au Temple de mémoire ! —
Pour chanter la vertu, ma patrie et sa gloire,
Pourras-tu m'inspirer d'assez nobles accens ?

Assez et trop longtemps sous un joug tyrannique
L'ignorance enchaîna la tardive Armorique
Et loin de nos climats exila les Beaux-Arts :
Assez et trop longtemps les Bretons du vieil âge
Vainqueurs impétueux, affamés de carnage,
Poursuivirent la gloire à travers les hasards.

Des bords de l'Occident aux champs de la Syrie
Portant, au nom du ciel, leur guerrière furie,
Ils brisèrent l'orgueil du terrible Croissant ;
Et Rome, Rome a vu nos aïeux intrépides
Tout à coup arrêtant ses conquêtes rapides,
De l'aigle des Césars balancer l'ascendant....

(1) La *Biographie bretonne* croit qu'elle est en effet inédite.

Je laisse Morvan s'attarder aux Croisades, je cite en passant la strophe à la reine Anne :

Deux fois ton front brillant ceignit le diadème ;
Mais tu ne vis jamais dans ta grandeur suprême
Qu'une carrière immense à ton cœur généreux,
Tes dons allaient chercher la timide indigence ;
Des arts à peine éclos tu cultivas l'enfance :
Ton règne, hélas ! trop court ne fit que des heureux.

Et j'aborde immédiatement le sujet principal :

Bretagne, lève enfin ta tête languissante :
De ta maturité vois l'aurore naissante :
Déjà brille ton front couronné de splendeur.
Ce beau jour qui, comblant ta plus vive espérance,
Vit naître l'héritier du trône de la France,
Ce jour fut dans les cieux marqué pour ta grandeur.

La Société Patriotique avait en effet été, sinon fondée, du moins définitivement établie, à l'époque de la naissance du Dauphin. Je poursuis :

Ce fut alors, Sérent, qu'une vertu sublime
Ralluma dans ton cœur le beau feu qui l'anime.
Tu brulais de servir ta patrie et ton roi.
Alors tu le fondas, cet auguste édifice,
Où les arts réunis par ta main protectrice
Du bonheur des humains font la suprême loi.

Là brille à tes côtés ce corps illustre, antique,
Dont le bras triomphant couvrit notre Armorique.
Le mérite honoré partage tes travaux :
De la naissance obscure à la haute naissance,
Les sublimes talens franchissent la distance :
Où règne la vertu tous les rangs sont égaux.

Volez, ô citoyens, volez dans la carrière.
La gloire en souriant vous ouvre la barrière :
Déjà fuit devant vous le vice audacieux.

Du fond de la Bretagne aux rives de la Seine.
Tous les talens unis par une même chaîne
Sèment de la vertu le germe précieux.

Voici une belle strophe à l'adresse du Marquis de Piré et de ses projets de canaux à travers la Bretagne.

Les fleuves parcourant des routes inconnues
Roulent pompeusement leurs ondes confondues,
Ils achèvent l'hymen si longtemps désiré ;
Bretagne, l'Océan circule dans tes veines !
Voguez, vaisseaux, voguez où règnèrent les plaines,
Que tout vive et s'anime à la voix de *Piré*.

Puis viennent les soldats et les marins :

Et vous, qui des Bourbons soutenez la couronne,
Vous, guerriers généreux, que la gloire environne,
Recevez le seul prix qui flatte la valeur.
Des foudres meurtriers défiant la tempête,
Ceux qui pour la patrie ont exposé leur tête,
Doivent placer leurs noms au Temple de l'honneur.

On y voit ton image, ô Breton magnanime,
Illustre *Du Couëdic*, toi qui ravis l'estime
D'un héros ennemi, rival digne de toi !
La France, Albion même, ont pris soin de ta gloire.
Quand la mort t'arracha des bras de la victoire
Ton cercueil fut baigné des larmes de ton roi....

Ici, les jaloux qui avaient attaqué la fondation de la Société par des pamphlets ou par des satires ne sont pas ménagés :

Ciel ! quels long hurlements ! De la nuit infernale
S'élancent, l'œil en feu, l'Envie et la Cabale.
Craignez, ô citoyens, leurs ténébreux assauts !...
Non, non, ne craignez pas leurs armes impuissantes ;
Foulant d'un pied vainqueur ces hydres expirantes,
Vous saurez étouffer leurs infâmes complots.

Tel au séjour bruyant où grondent les orages,
Elevant un front calme au-dessus des nuages,
Un roc brave la foudre et les vents déchaînés.
Superbe, il brise l'onde à ses pieds blanchissante :
La mer toute en courroux traîne, au loin mugissante,
Les bouillons écumeux de ses flots mutinés.

Tels, le front couronné de la palme civique,
Vainqueurs du noir démon de la haine publique,
Vous verrez chaque jour accroître vos honneurs.
L'Eternel, vous couvrant d'une invincible égide,
Repoussera les traits de l'Envie homicide
Et de vos ennemis confondra les fureurs.

Mais l'éclat de la pourpre a frappé ma paupière....
Temple de la patrie, ouvre ton sanctuaire,
Les rois sur tes autels vont brûler leur encens.
A cet auguste aspect, je m'attendris, j'admire....
Bénissons, ô Français, bénissons un Empire
Où des rois citoyens gouvernent leurs enfants ! (1)

Je laisse à penser quel fut l'enthousiasme du Comte de Sérent en recevant cette ode. Il écrivit aussitôt à Morvan :

« A Keralier, ce 24 may 1784.

« J'étois sur le point, Monsieur, de vous annoncer votre proclamation, lorsque j'ai reçu la lettre que vous m'avez fait l'honneur de m'écrire. J'ai lu avec admiration la pièce de vers qui y étoit jointe. Le sentiment d'humiliation, que m'a occasionné la strophe où vous voulez bien parler de moi, m'empêcha sans doute d'apercevoir aux premières lectures toutes les beautés de votre ode. Je donnai même la préférence à celle *sur le jeu*, que j'avois lue à la tribune avec un certain enthousiasme, lorsque je vous y proclamai citoyen. Cette ode obtint l'applaudissement de l'assemblée. Je l'avois trouvée si belle, que j'ai bien eu de la peine à adopter votre façon de penser sur celle

(1) *Année littéraire*, 1784. VI, 191 à 202.

que vous venez de m'adresser. Ce n'est que d'aujourd'hui, après plusieurs lectures réfléchies, que je l'ai trouvée véritablement supérieure à sa sœur aînée, pour me servir de votre expression. Je vous avouerai cependant qu'il y a quelques strophes qui m'ont paru énigmatiques, par exemple, celle qui commence ainsi : *Là brille, à tes cotés, ce corps illustre, antique* (1). Je crois qu'en effet il faudra des notes pour le plus grand nombre des lecteurs. Cultivez, Monsieur, un genre de talent pour lequel vous êtes né : n'en faites pas votre unique occupation ; mais délassez-vous de temps en temps avec les Muses. Vous ne pourriez sans ingratitude cesser de leur faire la cour.

« Je garderai volontiers le secret que vous me demandez (2). Le prix que vous attachez à ce service flatte trop mon cœur, pour ne pas le garder scrupuleusement. J'aurai le plaisir de vous posséder et ce sera une faveur dont je vous tiendrai un grand compte.

« Si vous pouviez engager M. Georgelin, votre introducteur dans le *Temple de la Patrie* à y faire le pèlerinage avec vous, vous mettriez le comble à ma satisfaction. La *Société Patriotique Bretonne* est encore plus redevable à M. Georgelin qu'à moi ; lui et M. de Toustain en sont les propagateurs : sans eux le *Temple de la Patrie* n'aurait peut-être renfermé que des citoyens communs : par leurs soins, de grands hommes, des héros de la littérature françoise se font un honneur, j'ai presque dit, une espèce de gloire, d'y occuper des places. M. Georgelin m'est encore cher par d'autres endroits : il est un ami vrai et sincère, et qui voudrait faire l'impossible pour obliger ceux qui ont l'avantage d'obtenir son estime. C'est en un mot, une belle âme. Nous respectons ses talents, mais les qualités du cœur dont nous faisons infiniment plus de cas, nous l'ont rendu infiniment cher. La vôtre, Monsieur, se peint dans vos vers. Vous avez une âme forte et bonne. Je suis touché de l'indisposition de M. *Girard.* Je suis fâché que ce ne soit pas lui qui ait été votre introducteur. Je l'avois prié de nous procurer l'association de quelques-uns de ses concitoyens. Je lui avois même marqué qu'il devoit être assez généreux pour faire le bien pour le mal. Nous avons été enchantés de rendre une justice authentique encore plus à son patriotisme qu'à ses talents. Le plus beau titre qu'il avoit à nous présenter, et contre lequel l'envie et la cabale devoient échouer, c'étoit d'en avoir été la victime dans des temps mal-

(1) Il est certain qu'il règne une certaine obscurité dans ce passage.

(2) D'aller le voir à Keralier à la fin de l'année.

heureux. Nous désirons qu'il se rétablisse et qu'il vienne arborer ici *la fourrure des tribuns du peuple* (1), dont il remplira les fonctions, en le haranguant du haut de la tribune. Ce sera vous, Monsieur, qui remplirez la tâche que nous avions voulu lui imposer, celle d'exciter l'émulation et le patriotisme dans le cœur de quelques-uns de vos concitoyens pour les introduire dans le *Temple de la Patrie,* où vous savez qu'il y a deux portes, celle des talents, et celle des vertus. Nous saisirons la première occasion pour vous envoyer la patente qui constate votre union avec nous. M. Ollivaut nous fait attendre longtemps notre nouveau sceau. Des gravures pour les canaux ont suspendu le travail qu'il avoit commencé pour nous.

« Puisque vous avez dessein, Monsieur, de retoucher votre ode et qu'il s'agit de la *Société Patriotique,* ne pourriez-vous pas y glisser quelque chose sur son union avec le *Musée français* et sur Monsieur et Madame qui, en vertu de cette union, étendent jusqu'à nous leur protection ?

« Puisque vous voulez bien, Monsieur, faire le pèlerinage du *Temple de la Patrie,* il faut que vous soyez l'orateur de la séance où vous paroîtrez. Avec autant de chaleur et de fécondité que vous en avez, la composition d'un discours d'apparat ne doit point vous coûter. Vous avez vu dans la relation de notre fête patriotique du mois de juillet de l'an dernier que l'orateur peut choisir son sujet. La tâche est ordinairement d'une heure. C'est par là que commence la séance. L'orateur, en un mot, est celui qui remplit le personnage le plus important et qui fixe l'attention de l'assemblée et même sa curiosité. Au cas que M. Girard ne se porte pas bien, vous pourrez faire la harangue, ou s'il la faisoit, vous pourriez la faire dans une autre séance. Je ne me réserverai que le plaisir de monter après vous à la tribune, pour y publier seulement notre hommage et notre reconnoissance. Quelques-uns m'ont demandé si vous n'étiez pas originaire de la ville de Hennebond. Tout intéresse dans les hommes de mérite, et vous êtes bien fait, Monsieur, pour exciter la curiosité. En écrivant à M. Georgelin, faites lui part de ce que je vous marque à son sujet.

« Je suis dans les sentiments les plus parfaits, Monsieur, votre très humble et très obéissant serviteur.

« LE COMTE DE SÉRENT. »

(1) Ceci suppose qu'on haranguait en costume.

Morvan répondit le 7 juin :

« J'aurais eu, Monsieur, l'honneur de vous écrire plus tôt, si je n'avais été absent dernièrement. Je désire que rien ne mette obstacle à mon voyage au *Temple de la Patrie*. La manière obligeante avec laquelle vous m'y invitez est un motif de plus pour m'y engager. Permettez cependant que je n'accepte pas la proposition flatteuse que vous me faites d'être l'*orateur* d'une de vos séances académiques. Il semble que tout conspire pour me priver de cet honneur. Je suis trop dépendant des circonstances pour que je puisse à mon gré m'occuper de littérature. »

Aussi le comte de Sérent n'attendit-il pas son voyage pour lire en séance l'ode adressée à la *Société Patriotique* et pour la faire connaitre dans plusieurs Sociétés. Morvan lui écrivait à ce sujet, le 26 juillet, une lettre intéressante, qui achèvera de nous peindre au vif son style et son caractère :

« Vous me permettrez, Monsieur, de vous reprocher deux infidélités : la première, en lisant mon ode malgré la promesse du contraire que vous m'aviez faite ; la seconde, en passant sous silence la strophe qui vous regarde et qui était celle que je comptais déclamer de manière à inspirer aux autres le sentiment dont je suis moi-même pénétré. Vous conviendrez, Monsieur, que ces deux fautes sont bien graves. Malgré votre sagacité reconnue, peut-être n'avez-vous pas prévu les conséquences fâcheuses qu'elles allaient entraîner. Maintenant que vous m'avez privé du plaisir de réciter mon ode, que vous dirai-je quand je me présenterai à votre château pour vous rendre mon hommage ? Vous m'avez dépouillé de mon petit bien ; et je n'aurai jamais le temps ni le loisir de réparer cette perte, avant que j'aie l'honneur de vous voir, puisque je me propose de visiter le *Temple de la Patrie* le jour de la Saint Louis. En conscience, Monsieur, vous m'avez joué là un tour bien sanglant. Mais j'ai l'âme bonne, comme un breton ; et en faveur de votre déclamation, je veux bien vous pardonner. Je vous fais même mes remerciements des éloges multipliés que vous avez prodigués à mes vers. J'ai appris que vous les avez lus dans plusieurs endroits et que *partout on les a trouvés bons*. Surtout, Monsieur, vous les avez déclamés avec tant d'énergie dans votre fête patriotique, que votre déclamation enchanteresse a séduit vos auditeurs. Je dois donc jusqu'ici le premier succès de l'ode à votre éloquence, et je vous pardonne votre première infidélité, parce qu'elle part d'un excès de zèle qui me fait beaucoup d'honneur. Quant à la seconde infidélité, je me fais, Monsieur, un peu plus de peine à vous la pardonner. Vous avez privé vos auditeurs de la strophe qui les eût flattés le plus : mais je vois le motif qui vous a retenu. En blâmant sur ce point votre sévère modestie, je conviens que je devais m'attendre à une telle réticence de votre part : la marque la plus sûre d'un mérite supérieur est la crainte qu'il a de parler de lui-même, tandis que tout le monde s'obstine à le publier...... »

Il terminait, après une digression assez longue, par ce passage qui nous intéresse particulièrement :

« Voici, Monsieur, une autre grâce que j'ai à vous demander ; et celle-ci vous me l'accorderez sûrement, parce qu'il y va de l'intérêt de mon amour-propre d'auteur et, qui pis est, de poète. Vous saurez donc que j'ai fait plusieurs changements dans mon ode. J'ai le dessein de l'envoyer au rédacteur du *Mercure* : vous ne pouvez donc pas la publier telle qu'elle est, parce que je crois y avoir fait de bons changements : et je me crois d'autant plus obligé de la faire insérer au *Mercure* que votre prophétie s'acccomplit ici de jour en jour. Les épigrammes, les sarcasmes pleuvent de toutes parts sur notre Société Patriotique. Nous sommes déjà *les illustres martyrs* de notre bonne volonté pour le bien public. N'importe ! Tâchons toujours de résister courageusement à tous les hommes croassans, qui crieraient moins fort s'ils avaient l'honneur d'être inscrits au *Temple de la Patrie*. Je ne sais si je m'abuse, Monsieur, mais il me semble avoir donné, dans mon ode une idée assez noble de notre Société. Si elle produit dans tout le royaume le même effet qu'elle a produit sur quelques personnes éclairées auxquelles je l'ai lue, j'ose croire, Monsieur, qu'on sera ému jusqu'au fond des entrailles, et que les méchants n'oseront plus nous traiter de *calottins*. Il faut, si nous le pouvons, arracher leur estime à ceux mêmes qui s'obstineraient à nous la refuser. Que je serais satisfait si cette ode avait le même succès que la première ! Quel pied de nez pour les jaloux ! Quelle vengeance pour notre Société !... Il y a quelques morceaux de sentiment qui *me paraissent d'une grande beauté*. Que de larmes j'ai vu couler au nom de Du Couëdic ! Je m'attendris encore à ce moment.

« Mais je sens que le plaisir de causer avec vous me jette dans la prolixité. Excusez, Monsieur, on ne peut jamais finir quand on parle à des âmes sensibles et qui portent l'amour du bien public jusqu'à l'enthousiasme. Je n'ai l'honneur de vous connaître encore que par les relations des personnes qui vous ont vu et qui vous adorent, permettez-moi le mot. Quel bonheur si je puis à mon tour vous voir au *Temple de la Patrie !* Peut-être, Monsieur, serai-je accompagné de mon beau-père, M. Des Déserts, ancien maire de Quimper : il a souvent joui du charme de votre conversation, et vous eûtes la bonté de le distinguer dans la foule des députés du Tiers Etat ; vous remarquez le patriotisme partout où il se trouve..... »

Le Comte de Sérent répliqua le 3 août, par une lettre qu'il importe de reproduire à peu près intégralement, car elle renferme un grand nombre de détails curieux sur le régime intérieur de la Société Patriotique :

« ...Je reçois, Monsieur, avec reconnaissance les éloges flatteurs que vous voulez bien me faire. Il est vrai que j'ai lu votre ode ; mais cela ne vous empêchera pas de la relire vous-même. Notre usage est de *lire dans trois séances consécutives* les ouvrages qu'on veut bien nous adresser, de même que nous proclamons par trois fois le Citoyen qui veut bien s'unir à nous. D'ailleurs l'assemblée n'étoit pas assez nombreuse pour qu'une pièce de poésie d'une aussi grande beauté ne dût pas être répétée dans un cercle plus brillant. Quand bien même votre ode seroit imprimée dans le *Mercure,* cela n'empêcheroit pas qu'elle ne fût encore lue dans les deux séances que nous aurons le 19 mars suivant qui sont nos deux prochaines assemblées académiques. La fête de saint Louis n'est qu'un divertissement pour le peuple : si cependant cette époque étoit pour vous la plus commode, nous tiendrions une séance extraordinaire. Si M. Girard n'avoit pas été aussi pressé de s'en retourner, je comptois remettre au jeudi la dernière séance et il auroit eu une trentaine d'auditeurs de plus des villes de Vannes et d'Auray. Le mauvais temps a été la cause du petit nombre de personnes qui ont eu l'avantage de l'entendre. Ceux qui en ont été privés ne se consolent que par l'espoir qu'il nous a donné de faire encore quelque pèlerinage au *Temple de la Patrie.* Ce n'est pas sans regret que je l'ai vu partir : il a un fils qui est bien digne de lui. Je les ai accompagnés le plus loin qu'il m'a été possible et mes yeux ont encore suivi très longtemps leur voiture.

« Renouvelez leur, Monsieur, ma tendre et juste reconnaissance ; je désirerois qu'à l'invitation de M. Girard vous voulussiez bien être l'*Orateur* de la séance à laquelle vous assisterez. Qui peut mieux que vous rappeler l'auguste fonction des anciens tribuns du peuple Romain et qui mérite plus d'être revêtu de leur décoration (1) ? Nous verrons avec plaisir M. Des Déserts, votre beau-père, et comme bon citoyen et comme bon patriote, nous le prierons d'occuper dans le *Temple de la Patrie* une des places réservées aux *vertus*, tandis que vous y occuperez une de celles destinées aux *talents ;* et dès ce jour nous le comprenons dans l'auguration des citoyens qui doivent être proclamés à la prochaine séance...

« Je n'avois garde, Monsieur, de faire valoir la strophe où vous avez bien voulu parler de moi. Je ne me sentois nullement de force pour prononcer des vers qui louoient dans moi une chose qui ne mérite que l'indulgence et les bontés du public. Non seulement je n'ai point envoyé à l'impression votre ode, et on ne l'auroit pu faire dès que vous vous proposiez d'y joindre des notes : on n'a pas même encore envoyé la relation ou les détails de notre dernière séance (2). Il s'y est trouvé du peuple, mais il ne s'y est trouvé que trente-deux personnes admissibles dans la salle des agapes (3). Le mauvais temps, les chagrins que j'avois dans l'âme, tout nous a contrariés. M. Girard doit vous l'avoir dit. Je suis charmé qu'il ait été content de la manière dont j'ai récité votre ode, et il a vu que les éloges dont j'accompagnois chaque strophe, étoient une production du cœur, que la circonstance enfantoit dans le moment. Mais quand vous relirez votre ode, elle acquerra dans votre bouche cette force de sentiment que les auteurs seuls peuvent donner à leurs ouvrages. Les meilleurs acteurs ne donnoient point aux pièces dramatiques de M. de Voltaire la même âme qu'il leur donnoit lui-même quand il les déclamoit.

« Je suis à Vannes depuis huit jours, et M. le subdélégué me fait remettre dans ce moment le paquet contenant le discours de M. Girard et la lettre qu'il y a jointe, à laquelle je vous prie de trouver bon que je réponde ici sur le champ. Je suis de son avis, je pense que son discours sera mieux placé dans le nouvel ouvrage périodique qui doit paraître à Rennes que dans les *Affiches de Bretagne*. Outre que

(1) Il y avait donc bien un costume.

(2) Il serait curieux de retrouver les relations des séances. Où les imprimait-on?

(3) Ceci prouve que les séances se terminaient par un banquet. — Voir sur ce sujet la curieuse satire intitulée : *le Baron de Kerker, et son château*, publiée dans la *Revue de Bretagne et de Vendée* de novembre 1887.

M. Girard est un des souscripteurs, ce discours pourra faire plaisir à l'éditeur, qui dans le commencement ne sera peut-être pas suffisamment pourvu de matières pour remplir ses feuilles. M. Girard sera le maître de choisir, soit à Paris ou en Bretagne, le dépôt auquel il voudra confier son discours. Je me propose d'aller à Nantes pour voir une seconde ascension plus intéressante que la première qui est annoncée dans les *Affiches* pour le courant de ce mois. Les voyageurs aériens devoient s'élever le 11. Le départ est reculé ; c'est une chose à voir dans la vie.

« J'ai l'honneur d'être avec attachement, Monsieur, votre très honoré et obéissant serviteur,

Le Comte DE SÉRENT. »

Peu après avoir adressé son ode au Comte de Sérent, pour en donner la primeur à la Société Patriotique de Bretagne, Morvan l'avait aussi envoyée à Dussaulx en le priant de vouloir bien la patronner près du *Mercure*. Dussaulx n'avait pas les mêmes raisons que le Comte de Sérent de la trouver excellente, et il lui répondit très franchement le 27 août, qu'il n'était pas sans inquiétude sur le sort de cette nouvelle production devant le grand public : son intérêt était surtout local et les Parisiens n'aiment pas qu'on soit obligé de leur expliquer les choses : aussi était-il à craindre que cette pièce n'eût pas autant de succès que la première. « Elle ne saurait se passer de notes, écrivait avec raison Dussaulx : or rien n'est plus triste pour une ode que de ne pas être entendue sans notes. Si vous m'en croyez, vous vous contenterez de la présenter à votre jeune académie, qui serait bien difficile si elle n'en était pas contente. Si vous voulez, néanmoins, avoir les honneurs du *Mercure*, je ne doute point que votre pièce n'y soit admise : mais je suis obligé de vous prévenir que l'on n'y reçoit point de notes lorsqu'il s'agit de vers, à moins que ce ne soit une note unique. — Je suis persuadé, ajoutait-il, que l'ode en question ne diminuerait point l'opinion que l'on a de votre talent, mais je doute qu'elle l'augmentât. Vous avez employé trop d'histoire, ce qui rend votre marche pénible... »

Quelque malsonnant que cela pût être pour l'oreille de Morvan, c'était bien le langage de la raison. Le poète le comprit et il n'insista pas pour ouvrir par violence, au *Mercure*, une porte dont il était prudent de se réserver l'accès facile pour l'avenir. Il se décida donc à adresser sa pièce à l'*Année littéraire*, où elle parut au mois d'octobre 1784 et où elle a été depuis si bien enterrée que c'est par le plus grand des hasards que nous l'y avons découverte. Elle fut pourtant remarquée lors de sa publication, et un poète de Corlay, nommé Goueffic, qui a été cité par M. Trévédy dans son étude sur Georgelin, lui adressa, au mois de novembre, après l'avoir lue, les vers suivants qui ne se recommandent guère que par leur intention :

O toi, qui charme ta patrie,
Qui ranime nos cœurs au feu de tes rayons,
Et sur les rivages bretons
Appelle les beaux arts, le goût et le génie !
Les cendres de Pindare et celles de Rousseau,
Aux sons sublimes de ta lyre,
Se remuent au fond du tombeau
Et veulent s'échapper du ténébreux Empire.
Aux yeux de la postérité,
Pour éterniser ta conquête
Les muses orneront ta tête
Des fleurs de l'immortalité !

Diverses circonstances empêchèrent Olivier Morvan d'aller au château de Keralier se faire admettre personnellement dans le *Temple de la Patrie*. Il en exprimait vivement ses regrets au comte de Sérent par une lettre du 6 septembre 1784, dans laquelle il proposait la candidature, pour la tribu des talents, de son confrère, l'avocat Quimpérois Royou, dont l'*Année littéraire* venait de publier un éloge en prose accompagné de vers en l'honneur de Madec. Je ne crois pas qu'il ait trouvé davantage, pendant les années suivantes, l'occasion d'aborder la chaire de Keralier, en costume de *tribun du peuple*. Nous laisserons donc là, au moins pendant quelque temps, la Société Patriotique, pour achever de parcourir la carrière poétique de notre avocat, et pour monter de la tribune de la jeune académie bretonne, à celle de la vénérable Académie française.

III

Concours académiques

Au mois d'avril 1785, le prince Léopold de Brunswick, général-major et colonel d'un régiment d'infanterie au service du roi de Prusse, son oncle, était en garnison à Francfort-sur-l'Oder, lorsque survint une inondation torrentielle, occasionnée par la fonte des neiges ; les digues de la rivière furent rompues, et le prince, ayant voulu porter lui-même secours aux inondés, sa barque fut prise dans un tourbillon, chavira, et l'on ne put retrouver son cadavre que six jours après. L'Académie française choisit aussitôt cet acte de dévoûment pour sujet de son prix annuel de poésie ; et Morvan, qui aspirait depuis longtemps à ses couronnes, se mit à l'œuvre pour chanter *Le triomphe de l'humanité dans le dévoûment héroïque du prince Maximilien-Jules-Léopold de Brunswick.*

Mais avant d'envoyer son ode au concours de l'Académie, il désirait se faire mieux connaître du public parisien, et, vers le mois de novembre 1785, il obtint, par l'entremise de Dussaulx, l'insertion, dans le *Mercure*, d'une *épître aux Muses,* intitulée : *Début poétique,* qui devait être suivie chaque année de plusieurs autres. Cette épître est écrite d'un style simple et facile : elle est courte et se présente comme une sorte d'invocation générale pour placer toute l'œuvre du poète sous la protection des « savantes Sœurs, nymphes toujours chéries » à qui s'adresse l'hommage de « sa flamme » et de son « ardeur ». C'est probablement ce titre de début poétique qui a fait croire à la *Biographie bretonne* que l'*épître aux Muses* était la première pièce de Morvan. Elle se termine ainsi :

Pour moi, chétif, dont la triste Minerve
Captive, hélas ! aux bords Armoricains,
Ne fut jamais dans ces pays lointains
Dont l'air fécond inspire de la verve,
Muse, je viens, pour la première fois,
A vos chansons unir ma faible voix.

Si vous daignez de vos regards propices
D'un sol ingrat honorer les prémisses
Et pour mes vers implorer Apollon,
Je vous promets (foi de rimeur breton),
Que tous les ans, aux rives de la Seine,
Vous recevrez le tribut de ma veine (1).

Cette promesse, qui ne fut pas tenue, parut téméraire à quelques envieux et je trouve dans les papiers de Morvan une curieuse lettre qui lui fut adressée à ce sujet. Elle est datée d'Abbeville, le 17 février 1786 ; et son orthographe, aussi fantaisiste que son style, ne donne pas une bien haute idée des talents littéraires de son auteur. J'imagine que, malgré l'indication de sa provenance, elle a été écrite par quelque mauvais plaisant de Quimper ; mais puisque Morvan a jugé à propos de la conserver, elle mérite de nous arrêter un instant :

« J'ai vut, Monsieur, dans le Mercure n° 3 votre début poétique. O parbleu, n'avez vous point de honte de vous faire imprimé dans l'agréable passe-temps de la plus part des gens de qualité. A de grâce, réprimez votre audace et aprenez qu'un avocat n'est fait que pour plaider et non pour versifier. Quoique vos vers soient juste, ils sont ennuieux et assomant par leurs sotes expressions. « Foi d'écrivain breton » La belle frase !

Que cette petite leçon, Monsieur, vous serve à l'avenir et vous aprenne à ne pas ennuié le publique. Rentrés en vous même. Si cela est, vous vous dirés ; je ne suis qu'un sot et je mérite bien con me le dise. En atandant que j'aille vous tiré ma petite révérence à Quimper-Corentin, je suis de M. l'avocat le très humble serviteur : Le B. C. C. r. C. s, critique juré, de plus aprouvé.

Je ne paie pas le port de ma lettre, car je sais que quelque malheureux plaideur fera cet office. »

Le critique juré ne se doutait probablement pas, qu'au moment même où il lançait sa boutade, l'Académie française

(1) *Mercure de France*, du samedi 7 janvier 1786, p. 97 à 101.

distinguait l'ode de Morvan sur la mort du duc de Brunswick. Il est vrai que le poète ne fut pas immédiatement nommé. Le concours n'avait pas été exceptionnellement brillant : le prix de poésie ne fut pas décerné, et dans la séance académique de la Saint-Louis 1786, on se contenta de décerner deux mentions honorables aux deux pièces dont on publiait les épigraphes. L'une des deux, rappelant un mot du duc de Brunswick qui avait dit à ceux qui voulaient l'empêcher de monter dans la barque : Ne suis-je pas un homme comme vous ?... portait *Homo suum, humani nihil à me alienum puto*. C'était celle de Morvan. Le concours fut prorogé et le prix réservé pour l'année suivante. Morvan écrivit aussitôt à son ami Dussaulx, en lui demandant le secret, qu'il était l'un des deux lauréats et lui envoya son ode en réclamant ses conseils afin de la rendre digne du prix en 1787. « Si vous pouviez, ajoutait-il, me dire quelques particularités au sujet du concours, et la manière dont l'Académie désirerait que le sujet fut traité, je tâcherais d'en faire mon profit. » Dussaulx lui répondit, le 15 octobre 1786, en lui conseillant de relire Horace et Rousseau :

« .... Pénétrez-vous, lui disait-il, de ces deux grands modèles ; et surtout puisez dans votre cœur les grands sentimens dont vous avez besoin pour traiter votre sujet. J'ignore ce que l'académie a pu reprocher à votre ode ; mais moi, Monsieur, j'y désirerais un peu plus de chaleur, de mouvement, d'invention. Vos strophes sont généralement bien faites : prenez garde qu'il n'y en ait quelques unes de faibles, de communes, c'est-à-dire qui n'ajoutent rien aux autres. Revoyez votre ouvrage de sang froid et vous sentirez mieux que moi ce qui reste à faire... Le bruit a couru que le nouveau roi de Prusse, en montant sur le trône, avait supprimé les *loteries* dans ses états. On m'en a félicité de toutes parts, et quelqu'un de bien instruit m'a certifié que ce prince avait parlé très favorablement de mon ouvrage sur la *Passion du jeu*. Je lui ai écrit sur le champ et je lui ai envoyé mon livre par un ministre de ma connaissance qui partait pour Berlin. Il est vraisemblable que j'aurai une réponse et je vous en ferai part. J'ai mis à la tête de l'exemplaire que j'ai envoyé *votre belle ode* et l'une certainement des meilleures de notre temps : je souhaite que ce prince la lise, mais il a tant d'affaires.

.... Allons, Monsieur, du courage, de la verve et faites-nous une ode ravissante ; une belle ode ne suffirait pas. J'ai l'honneur de vous saluer et de vous embrasser de tout mon cœur. DUSAULX (1). »

Morvan se remit donc au travail, et pendant quelques mois il entretint avec Dussaulx une correspondance active dont voici l'un des témoins, daté du 14 mai 1787.

« Monsieur, lui écrivait-il, j'étais accablé de douleur quand j'ai reçu votre lettre du 26 avril... Mon fils aîné, âgé de cinq ans, aimable enfant qui faisait déjà les délices de la famille, était dans les convulsions de la mort, et expira en effet le jour même que je reçus votre paquet. Nous avons bien de la peine à revenir de ce coup ; mais le tems est un grand consolateur (2).

Je ne saurais assez vous remercier, Monsieur, de la peine que vous avez bien voulu prendre d'examiner et d'apostiller mon ode. Soyez assuré que je ferai mon profit de vos observations : cependant, Monsieur, comme vous me le conseillez, je me hasarderai à obéir quelquefois à ma propre conscience.... »

Et le même courrier emportait une lettre de même facture au littérateur bien connu, Rigoley de Juvigny, conseiller honoraire au Parlement de Metz, et membre de l'Académie des sciences, arts et belles-lettres de Dijon, vis-à-vis de qui Dussaulx n'avait pas gardé le secret de Morvan. Celui-ci

(1) C'est par erreur que j'ai lu *Dusaut* au bas d'une lettre précédemment citée. Après vérification minutieuse, il y a bien, comme ici, *Dusaulx*.

(2) Vers la même époque, et un peu auparavant, le 7 janvier 1787, Morvan écrivait à Dubois de Fosseuse, secrétaire perpétuel de l'Académie d'Arras, en s'excusant du retard de sa réponse : « ...Je sens, Monsieur, que j'ai besoin de votre indulgence et que je ne m'excuserais peut être pas en vous disant que ma femme a été malade, qu'elle est accouchée d'un *troisième enfant* qu'elle nourrit, que je suis moi-même un père nourricier plein d'entrailles, toujours occupé de mes marmots, et partageant tout mon temps entre eux et ma profession peu lucrative... » Cette même lettre m'apprend que Morvan venait d'être nommé *correspondant du Musée de Paris*. — Quant au troisième enfant dont il est ici question, c'est le futur général Morvan, dont je trouve cette curieuse note, au crayon, au bas de l'exemplaire de l'ode à Brunswick, qui était datée de Quimper, le 2 septembre 1787 : « J'avais un an moins 13 jours, et je vais avoir 76 ans tout à l'heure !! Gal Morvan. »

n'en avait pas tenu rancune à son protecteur, et il profitait aussi de ces nouveaux conseils, se disant, après tout, que plus il serait connu de littérateurs de marque, plus il aurait de chances de succès.

Je n'ai pas le loisir de citer ici un grand nombre des strophes de l'ode de Morvan qui a été, du reste, publiée plusieurs fois, soit séparément à Quimper, chez l'imprimeur Derrien, sous le bel habit in-quarto, soit dans divers recueils. J'en rappellerai seulement quelques vers, pour mieux faire apprécier le curieux chapitre d'histoire littéraire qui va suivre. Le début est pompeux, comme il convient au sujet :

Quel bruit, grondant au loin dans l'horreur des ténèbres,
Répété plus affreux par mille échos funèbres,
Aux plaines de La Marche a semé la terreur !
Il renaît donc ce jour, malheureuses contrées,
Qui vit sur vos coteaux les ondes conjurées
Déployer leur fureur. (1)

L'Oder, en mugissant, élancé de sa source,
De ses flots débordés précipite la course ;
Francfort, il va bientôt assaillir tes remparts.
D'un conquérant, suivi de nombreuses cohortes,
Avec moins de péril tu verrais à tes portes
Flotter les étendards....

La description de l'inondation se poursuit alors en tableaux vigoureusement tracés ; je m'arrêterai seulement au passage qui concerne le dévouement même du Prince :

D'un courage héroïque, affrontant la tempête,
Brunswick veut s'élancer... Arrête, Prince, arrête !
Ta vie est-elle à toi ? Les décrets éternels
Qui de tant de vertus enrichirent ton âme,
De tes jours précieux ont destiné la trame
Au bonheur des mortels.

(1) Allusion à une précédente inondation de l'année 1736.

Du sénat suppliant la voix est impuissante ;
De la patrie en pleurs la vue attendrissante,
Les soldats, de Brunswick embrassant les genoux,
Rien ne peut arrêter le Prince magnanime,
Ne suis-je pas (dit-il dans un transport sublime)
Un homme comme vous ?

Il va, sur un esquif défiant les abîmes,
A la mort menaçante arracher ses victimes...
Viens déployer, grand Dieu ! la force de ton bras ;
C'est à toi d'enchaîner les torrents indomptables
Lorsque le fils des Rois, pour sauver ses semblables,
Brave mille trépas !

Les cœurs saisis de crainte ont suivi la nacelle.....

Mais je me laisse entraîner avec le poète et je dois borner mon choix dans ces vers, peut-être un peu trop riches en adjectifs sonores, mais auxquels on ne peut du moins refuser le mouvement: j'en terminerai les citations par ces deux strophes au caractère philosophique, qui sont bien dans l'esprit du temps et qui ne peuvent être appelées hors-d'œuvre, parce qu'elles sont très naturellement amenées par le sujet : Elles s'adressent aux rois :

Dieux mortels ! éteignez les flambeaux de la guerre,
Liguez-vous pour bannir tous les maux de la terre ;
Par le droit des bienfaits régnez sur les humains :
On bénira vos noms du couchant à l'aurore
Tandis que le bonheur ne cessera d'éclore
De vos augustes mains.

Entendez-vous Louis, cet ange tutélaire
D'un peuple fortuné qui le nomme son père,
Appeler sous le dais l'austère Vérité ?
Attentif à sa voix, c'est le ciel qui l'inspire,
Et le plus grand des Rois ne fonde son Empire
Que sur l'humanité....

Et l'ode, qui ne comprend pas moins de 24 strophes, se termine par un éloge du comte d'Artois qui avait envoyé à l'Académie une somme suffisante pour doubler le prix de poésie.

Cependant la Saint-Louis approchait et Morvan comptait bien remporter la couronne. Le 30 août, il reçut de Dussaulx la lettre suivante :

« Paris, 27 août 1787.

« Le prix de Mgr le comte d'Artois, Monsieur, a été adjugé le jour de la Saint-Louis à une *ode qui portait la même épigraphe que la vôtre*. Vous lirez cette ode ; je ne vous en dis pas davantage : j'ignore quel est le mérite de la pièce qui a obtenu le 1er *accessit ;* vous n'avez eu que le *second* et je vous en féliciterais plus volontiers si la palme avait été décernée à un bon ouvrage : Au reste, il est bon que vous sachiez qu'il a été envoyé plus de 80 pièces au concours.

« *Si vous prenez la chose comme il faut, Monsieur, cet événement ne fera qu'augmenter votre émulation car l'essentiel est de mériter les prix, non de les remporter. Je persiste à croire que la première moitié de votre ode est excellente et que la seconde n'est pas dénuée de beautés.*

« Si vous voulez m'en envoyer copie vous me ferez plaisir et je la communiquerai aux amateurs de la belle poésie.

« Quoique vous n'ayez pas remporté le prix, je ne vous en félicite pas moins, Monsieur, de votre succès et je suis avec les sentiments les plus tendres, votre très humble et très obéissant serviteur,

DUSAULX.

« Vous avez été nommé dans la séance publique et on a lu quelques strophes de votre ode. »

La déception de Morvan fut d'autant plus cruelle que la lettre même de Dussaulx laissait voir qu'il avait été sacrifié par quelque intrigue à des rivaux de mérite inférieur. Il voulut en avoir le cœur net, et après avoir remercié son protecteur de toutes les peines qu'il lui avait données, après l'avoir encore prié de lui trouver un éditeur et de faire rectifier l'erreur de la *Gazette de France* qui l'avait appelé dans sa liste des lauréats, *Moreau avocat à Quimper* (1), il s'adressa au célèbre Linguet pour savoir exactement ce qui s'était passé et pour obtenir vengeance dans les *Annales* du libelliste. De violents soupçons sur l'iniquité du concours lui étaient survenus en lisant des extraits de l'ode couronnée et attribuée à Noël, plus tard inspecteur général de l'instruction publique, alors petit professeur au collège Louis-le-Grand et lauréat de l'Académie en 1786 pour l'Eloge en prose de Gresset. Il y avait reconnu son plan, sa marche, ses mouvements, ses pensées et plusieurs fois ses propres expressions. Il en avait conclu que le lauréat avait pris sa propre épigraphe pour mieux pallier le plagiat et qu'il avait eu communication, au secrétariat de l'Académie, de sa pièce de l'année précédente dont il s'était contenté de changer le rhythme, en ajoutant en tête quelques strophes d'introduction. Le coup avait été fort habilement comploté et la preuve paraissait difficile, puisque rien n'avait été publié de la pièce mentionnée en 1786. Ayant écrit sans succès aux rédacteurs du *Mercure* et du *Journal de Paris*, qui gardèrent prudemment le silence, il porta donc sa plainte à Linguet, lui déclarant que « c'était à la victime de la cabale philosophique à venger les opprimés littéraires. » Quel malheur pour moi, lui disait-il encore, d'être si éloigné de Paris ! « Combien j'ai de peine à m'y faire entendre ! Comme on y traite les provinciaux ! *Tu es refugium meum* : Vengez-moi, Monsieur, je vous en conjure. Jugez mes rivaux et moi : dites lequel est l'élève de Rousseau.... Je me rappelle avoir vu dans vos *Annales* que quelquefois des mains rapaces saisissaient le *Rameau d'or*, et laissaient à d'autres la couronne de laurier. Si cela est arrivé pour des prix modiques, comment aurais-je pu obtenir un prix de mille écus !... » Comparez, Monsieur, ajoutait-il, comparez : « vous verrez dans mon ode une harmonie imitative et descriptive qui est frappante dans presque toutes les strophes. Vous y trouverez, j'espère, beaucoup de sentiment, et la langue de Rousseau, de Racine, de Boileau, et de Linguet, au lieu du jargon philosophique ; vous jugerez lequel a le mieux pris le mètre qui convenait : aucun de mes

(1) *Gazette de France* du 28 août 1787, p. 347. — La lettre de Morvan à Dussaulx est du 3 Septembre.

rivaux semble n'avoir senti qu'il est un mètre particulier pour les odes élégiaques. Le petit vers qui finit ma strophe produit un effet lugubre qui convient bien au sujet. C'est ainsi, Monsieur, que Rousseau, persécuté comme vous par les philosophes, adressait ses plaintes à la postérité dans sa dernière ode. C'est ainsi qu'il a placé le petit vers dans l'ode sur la mort du prince de Conty. C'est ainsi que Malherbe consolait Du Perrier de la mort de sa fille. C'est ainsi qu'Horace déplorait la mort de Quinctitius : ils ont tous employé le petit vers à la fin de la strophe..... Ah ! Monsieur, quel affreux mystère dans tout ceci...! (1) »

Il y avait des larmes dans ce plaidoyer *pro domo sua*, mais les pamphlétaires ne s'attendrissent pas volontiers. Pourtant, Linguet fut touché et répondit à Morvan par une lettre datée de Bruxelles, le 20 octobre, que je citerai tout entière, parce qu'elle contient au sujet du concours de 1787 des détails vraiment fort extraordinaires :

« Je n'ai reçu qu'hier, Monsieur, la lettre dont vous m'avez honoré en date du 5 de ce mois, avec l'excellente ode que vous y avez jointe. Je ne puis vous rien dire sur le mérite de celles de vos concurents : je n'en ai lu aucune ; j'ai parlé légèrement sur des extraits que j'en ai vu dans les papier publics. L'entrepôt (*sic*) et les commentaires me sont toujours suspects. Mais j'ai lu et relu la vôtre avec un véritable plaisir. Oui, Monsieur, vous parlez, et très bien, la langue de Racine, de Boileau et de Rousseau. Votre ville jusqu'ici rappeloit l'idée de l'exil, liée, je ne sais pourquoi, à son nom ; je savois que le pédantisme philosophique avoit exilé la poésie de Paris, des musées, etc., mais je ne savois pas qu'elle se fut réfugiée à Quimper.

Je vous en félicite. Je vous exhorte à cultiver un talent si distingué, autant cependant que vos occupations sérieuses n'en souffriront pas ; car, puisque vous êtes père de famille, et que vous avez le cœur tendre, comme je le vois par votre lettre et par votre ode, les muses ne peuvent pas revendiquer de vous la première place, et vous voyez par votre exemple tout récent à quoi sert le talent de nos jours.

L'anecdote que vous me confiez (2) est certainement très singulière ;

(1) Lettre du 5 Octobre 1787 (inédite).

(2) De la similitude des devises et des emprunts faits à son premier ouvrage.

j'y puis répondre par une autre que je tiens de source : c'est que le *couronné* avoit envoié, quoique pour la seconde fois, une très mauvaise ode ; que le secrétaire, en l'annonçant, a fait *aux juges* (1) l'observation que cette pièce étoit puissamment protégée, et qu'il falloit lui adjuger le prix. Quoique les corps n'aient pas de pudeur, l'assemblée en a alors montré un peu : on a dit qu'il falloit donc rajuster la rapsodie avant de la présenter au public ; en effet, les gâcheurs de la compagnie se sont mis à poêtiser et ils ont refait l'ode en question, telle qu'elle a paru. Il est assez probable que c'est par paresse, pour avoir plus tôt fait, qu'ils se sont aidés de la vôtre.

J'éclaircirai cela ; je me procurerai cet enfant fait en commun : ce seroit sans doute le sujet d'une discussion intéressante et même utile ; mais la restriction que vous y mettez quant à ce qui vous regarde personnellement (2) me cause de l'embarras. Je serois au désespoir de vous compromettre. Vous n'avez pas trop de tort de redouter la vengeance et le despotisme de la secte qui vient de vous sacrifier sans vous connoître, et qui pourroit fort bien trouver le moyen de vous chagriner même à Quimper, si elle vous soupçonnoit d'avoir du ressentiment de son iniquité : je ne sais trop comment arranger la satisfaction que vous désirez avec l'incognito que vous souhaitez aussi. J'y réfléchirai. Soyez sûr, dans tous les cas, des ménagements que j'aurai pour votre position, et que je ne vous exposerai en rien.

Vous recevrez, peu de jours après ma lettre, le nº 97 de mes *Annales*, ou du moins l'annonce de ce numéro ; vous y verrez pourquoi la reprise de l'ouvrage même est retardée. Acceptez-le comme un gage de ma reconnoissance du plaisir que m'a fait votre pièce, de ma sensibilité pour la confiance que vous me marquez et des sentimens avec lesquels je suis, Monsieur, votre très humble et très obéissant serviteur,

LINGUET. » (3).

La réponse de Morvan n'est pas moins intéressante pour l'histoire littéraire ; je n'en supprimerai que les quelques passages insignifiants :

(1) Mots soulignés par Linguet lui-même.

(2) Morvan l'avait prié de ne pas dire que la communication venait de lui.

(3) Papiers de Morvan. Lettre inédite. — On remarquera que Linguet écrit les imparfaits en *oi* et Morvan, à la moderne, en *ai*.

J'ai, comme vous l'avez senti, l'âme d'une grande sensibilité, et de là vient que je ne saurais vous exprimer combien la lettre dont vous avez daigné m'honorer excite envers vous ma juste reconnaissance... L'anecdote que vous m'apprenez, Monsieur, achève de dévoiler le mystère que je n'avais que trop pénétré. Quelle équité dans cet Olympe littéraire ! J'ai d'abord été saisi d'indignation en lisant cet endroit de votre lettre, mais j'ai fini par rire aux larmes de vos *gâcheurs académiques,* suant à grosses gouttes pour replâtrer la rapsodie. Ils n'ont cependant pas osé employer les matériaux dans la forme que j'y avais donnée. Ils ont substitué des vers de huit syllabes aux vers alexandrins. Il était plus facile de s'en tirer ainsi. Ils ont chanté la mort d'un prince comme ils auraient chanté sa naissance ; ils n'ont pas senti qu'il est une manière de former des sons lugubres. Je crois que le défaut de mètre funèbre est une grande faute dans les deux odes préférées. Croiriez-vous, Monsieur, qu'à la séance académique on n'a lu que *quatre* strophes de mon ode et qui encore paraissent avoir été mal lues par... qui sans doute avait épuisé ses entrailles paternelles en lisant l'ode prédestinée.

Je conçois, Monsieur, votre embarras relativement à l'incognito que je vous avais demandé ; mais je vais vous faire un exposé qui vous mettra à l'aise. J'ai dernièrement *obtenu l'agrément de M. le Lieutenant général de police à Paris pour distribuer mon ode.* J'y ai envoyé plus d'une centaine d'exemplaires qui se trouveront dès les premiers jours chez les marchands de nouveautés au Palais Royal. Ainsi, Monsieur, vous pouvez facilement supposer que quelqu'un de vos amis vous aura envoyé mon ode avec les deux autres, car il faut aussi voir l'ode qui a eu la première mention.

Quant à ma réussite au premier concours, il me semble que vous pourriez la démontrer par vous-même et voici comment. Vous vous rappellerez que l'an passé, le *Journal de Paris* annonçait que l'académie, en renvoyant le concours, avait fait une mention de deux odes dont l'une avait pour devise : *homo sum,* et l'autre : *ostendent terris hunc tantum fata.* Ma devise étant encore la même cette année, il me semble qu'on peut dire qu'à coup sûr c'est mon ode qui a aussi été désignée l'an passé parce qu'on n'eut pas manqué d'indiquer autrement les ouvrages, si deux bonnes odes avaient porté la même devise. Vous voyez d'ailleurs combien ma devise est heureuse, elle répond à mon titre et aux dernières paroles de mon héros.

Qui, mieux que vous, Monsieur, sentira la noire perfidie qu'il y a eue à ne me donner cette année que la seconde mention, tandis que l'an passé j'avais le premier rang ? je sais bien que, puisque les geeis m'ont plumé plus que M. Noël, il fallait aussi mettre plus d'intervalle entre la rapsodie et mon ode. Cependant comment M. Noël pouvait-il m'être préféré ; lui qui a fait une douzaine de strophes avant d'entrer en matière ? *Animorum incendia celeriter extinguuntur.* Je crois, Monsieur, que dans un sujet aussi terrible, c'est une faute de goût impardonnable que de dire tout à son aise qu'on va bientôt raconter des choses qui feront trembler. Le sujet n'est jamais assez tôt expliqué. Le mouvement de la nature est de lancer un cri qui annonce la présence d'un objet affreux. Voilà la vérité et l'enthousiasme.

.....Vous saurez, Monsieur, que j'ai pris la liberté d'adresser mon ode à Mgr le comte d'Artois qui ne m'a pas répondu. Si j'avais su votre anecdote, j'eusse bien pu me dispenser de la démarche que j'ai faite. J'ai l'honneur d'être, etc. »

Je n'ai pas retrouvé la suite de cette curieuse correspondance qui intéresse à la fois la littérature en elle-même, l'histoire littéraire proprement dite, et celle du caractère intime de notre poète ; mais je puis constater, par une lettre adressée vers la même époque à Georgelin, que Morvan se consola de sa déconvenue académique, en recueillant les témoignages de sympathie que lui prodiguèrent ses compatriotes. Le 7 septembre 1787, la *chambre de lecture* de Quimper se réunit en assemblée extraordinaire, décida qu'elle souscrirait à 100 exemplaires de l'ode couronnée, et délégua deux de ses membres, le Dall de Kéréon, procureur du roi au présidial, et Théophile Marie Laënnec, lieutenant de l'amirauté, avec mission de se rendre chez le poète, « pour le féliciter sur ses talents au nom de la Société ; et lui remettre, sous leurs signatures, une copie de la délibération. » Morvan conserva précieusement dans ses papiers cette copie qui porte encore le sceau de la Chambre de lecture.

Peu après, il recevait d'un de ses admirateurs ce sonnet anonyme signé de trois étoiles :

Froids chantres, taisez-vous : d'une lyre impuissante
Un moment suspendez les sons audacieux.
De Brunswick respectez les cyprès glorieux ;
Il faut, Achille, il faut qu'un Homère te chante.

Morvan peint de l'Oder la rage frémissante :
L'Oder dans chaque vers épouvante mes yeux.
Sa lyre, O Léopold, te met au rang des dieux ;
Je pleure... je bénis ta vertu triomphante.

O Brunswick, que ton nom, cher à l'humanité,
Fera verser de pleurs à la postérité !
Mais, prince, de Morvan ton triomphe est l'ouvrage...

Morvan, de tes censeurs méprise les vains cris.
Du mérite éclatant tu connais le partage...
Tu fus sifflé, Racine, et tu nous attendris.

Un autre, l'abbé Vidal, recteur de Locamand, lui envoyait des corrections à son ode, dans laquelle, à côté de beautés de premier ordre, il avait trouvé quelques négligences ; et tout en lui conseillant de laisser là les muses, parce que sa réputation littéraire était désormais bien établie, et que « son état avait de quoi l'occuper plus utilement, » il parodiait pour lui quatre vers célèbres de Boileau en lui adressant ce quatrain :

En vain contre Brunswick une reine se ligue ;
Quimper pour son héros crie, et siffle la brigue.
L'académie en corps a beau le censurer,
Tout homme, né breton, se plaît à l'admirer.

La pièce la plus curieuse que reçut Morvan fut une longue épître, datée des Champs-Elysées, l'an 3700 de la création, le 22 d'Ethanion, qui était censée lui être adressée par feu Noël Daulny, l'ancien professeur de rhétorique du collège de Quimper et qui émanait sans doute de son successeur. Je ne la citerai pas tout entière, car elle occuperait plusieurs pages à elle seule ; mais elle m'a paru assez originale pour mériter que j'en donne quelques fragments.

Morvan, j'ai lu ton ode, et j'en pleure de joie,
Que de sublimes traits, quel feu, quel sentiment !
Des beaux Esprits français que Charon nous envoie,
Chacun accourt ici m'en faire compliment.

Qu'il est beau, qu'il est doux, même dans ces asyles
De voir de nos amis, de nos chers nourrissons,
Pleins d'ardeur pour la gloire, à nos conseils dociles,
Ainsi par leurs talents honorer nos leçons !
Tu réchauffes mon cœur et ma verve assoupie :
Tu me rappelles ces moments
Où circulait dans tous mes sens
La douce flamme du génie,
Où m'offrant l'image chérie
Et de la gloire et des talents,
Le nom seul d'une académie,
Par de rapides mouvements,
Agitait mon âme ravie.
O de mes jeunes ans, charmes délicieux !
Tu peux, ami de l'harmonie,
Goûter longtemps encor ces plaisirs savoureux...

Que Morvan ne s'inquiète pas du succès de son rival à l'Académie. Brunswick dans les Champs-Elysées a pleuré en entendant lire son ode et les vrais littérateurs n'ont pas ratifié le jugement du Sénat ; ce rival n'a pas reçu, en somme, une récompense digne de la sienne :

Cesse d'envier sa couronne ;
Il n'a reçu que l'or. Qu'il est plus précieux,
Le prix que le public te donne !

Qu'il continue donc de suivre une carrière si bien commencée :

Ne quitte point l'arène ; à de dignes rivaux
Va disputant l'honneur de chanter les héros.
Par tes charmants écrits force la renommée
A répéter le nom de Quimper-Corentin :
Et que la capitale enfin,
A d'injustes mépris souvent accoutumée,
Sache une fois que le destin
Qui donne aux bas-bretons la force et le courage

Ne leur ôte point l'avantage
D'un esprit délicat et fin.

Dissipe cette erreur première
Qui les exclût du sanctuaire
Et du commerce des neuf sœurs...
Que ceints du laurier littéraire
Désormais nos jeunes auteurs
Animés par tes sons enchanteurs
Franchissent l'injuste barrière
Qu'oppose un préjugé vulgaire
Aux nobles élans de leurs cœurs...

L'épître se termine par un envoi en prose qui contient une allusion fort inattendue à la mort du jeune fils du poëte :

« A propos, j'ai vu arriver ici un charmant enfant, beaucoup plus tôt que je ne m'y attendais. J'en ai éprouvé de la peine, quoique cet enfant nous ait dit de votre monde les plus jolies choses de la manière la plus spirituelle. J'en ai fait de vifs reproches aux trois cruelles sœurs. Elles qui savent tous les décrets de notre cour, m'ont assuré que cet enfant reparaîtra bientôt sur la terre et qu'elles avaient ordre de recommencer la trame de ses jours. Cette nouvelle m'a fait vraiment beaucoup de plaisir. J'espère qu'elle vous en fera aussi. Dites en un mot à Madame Morvan et me croyez, aussi parfaitement qu'un mort peut l'être, Monsieur, votre très affectionné serviteur — Feu Noël Daulny, jadis professeur de rhétorique à Quimper. »

Morvan se donna la peine de composer une réponse à feu Noël Daulny et la data de Quimper, séjour des vivants, le 30 Septembre 1787. A qui l'adressa-t-il effectivement ? je n'en sais rien, mais on lira, sans doute avec plaisir, cette spirituelle missive, qu'un de ses anciens professeurs fut chargé de remettre à son véritable destinataire :

« Mon cher maître. Il me serait impossible de vous exprimer combien j'ai été sensible à l'amitié que vous conservez encore pour moi dans le séjour des morts. Je croyais, avec Rousseau notre maître,

Que du tranquille Parnasse
Les habitants renommés
N'y conservent plus leur place
Lorsque leurs yeux sont fermés.

O mon cher professeur, quelle a été ma joie, lorsque j'ai appris par vous que les poètes font usage des dons du Génie, même après qu'ils ont dépouillé l'enveloppe grossière de l'humanité. Oui, mon cher maître, vous errez sous les berceaux de myrthe fleuri et de laurier que fréquentent Horace et Malherbe. Quels plaisirs ! quelles joies ! heureux quiconque se promène avec vous ; mais cependant je suis d'avis que ce bonheur, il faut toujours le reculer autant qu'on peut. Quoique chargé de misères, nous n'aimons pas à déménager de ce maudit univers où fourmillent les sots et les méchants qui du moins ne vous gênent pas là bas.

Excusez-moi, mon maître, de ne pas vous répondre en vers. Les vôtres sont charmants et beaucoup trop fumeux pour mon cerveau : Je ne puis vous payer de la même monnaie : peut-être aussi ai-je quelque reproche à vous faire de ce que vous m'avez pris *sans vers*. Vous avez agi avec une sorte de clandestinité qui, je l'avoue, ne messied pas aux défunts ; mais vous avez tellement déguisé l'écriture de votre secrétaire, l'uniforme de votre messager, que je n'ai pu deviner par quelles mains votre paquet m'est parvenu.

Vous m'avez mis sur les charbons pendant huit jours et vous savez que les poètes vivants n'aiment pas à être en reste avec les cajoleurs qui viennent leur donner de l'encens à trop forte dose. Enfin je viens de prendre mon parti. N'ayant pas pu pénétrer l'obligeant mystère que vous avez imaginé, j'ai cru que je ne pouvais plus surement vous faire parvenir ma réponse qu'en la remettant aux mains d'un ancien professeur qui, comme vous, a bien voulu diriger mes études. Je soupçonne entre nous, mon cher maître, qu'il est un des complices du tour que vous m'avez joué. Je pense même que vous avez eu encore quelques adjoints. Ce n'est pas que chacun de vous en particulier ne soit très exercé en l'art des vers ; mais vous vous êtes tous réunis pour aiguillonner plus sûrement mon amour-propre ; vous avez fait une débauche d'esprit pour mettre cœur au ventre à ma muse. Il est bien cruel que vous ne m'ayez pas dit à qui j'avais affaire : voilà huit jours de perdus à deviner une énigme, dont le mot est cependant, j'en conviens, beaucoup trop flatteur pour moi, ce qui ne laisse pas de me consoler dans ma perplexité. Vous m'apprenez, mon cher professeur, que Léopold s'est attendri à mes accents; cela ne me surprendrait pas absolument, car il s'est toujours présenté devant moi, quand j'ai osé peindre ses vertus, et il m'a vu arroser de mes larmes chaque vers que j'écrivais. Non, parmi les poètes qui ont chanté *le Marcellus de Germanie*, aucun n'a plus que moi pleuré sur sa tombe. Hélas! je n'ai pu attendrir les Cerbères de l'académie, tandis que j'ai arraché des pleurs aux mânes de Brunswick. Il est vrai que depuis longtemps j'étais voué à la tristesse. J'avais vu descendre au tombeau mon premier né, âgé de 5 ans, aimable enfant, cœur sensible, qui déjà ne pouvait retenir ses larmes à l'aspect des malheureux. O mon cher maître, quel bonheur perdu pour ses semblables. Ce sont là de ces coups que l'on ressent toujours. Vous avez rouvert ma plaie, je vous le pardonne. Le pauvre *Olivier* est remplacé par un *Frédéric* qui est son image vivante, mais encore quelle espérance fonder sur le faible arbrisseau :

A peine les destinées
Nous ont mis dans le berceau
Que le torrent des années
Nous précipite au tombeau.
Mortel, qu'est-ce que ton être ?
Il passe comme l'éclair
Qu'un même instant voit paraître
Et se perdre au sein de l'air.

Je vous cite des vers que je fis en rhétorique quand nous avions le plaisir de vous posséder en ce monde et de vous avoir pour professeur.

Adieu, mon cher maître, je vous remercie de tout mon cœur de ce que vous voulez bien vous intéresser à mes succès. Hélas je crains fort que vous n'ayez plus de compliments à me faire : permettez que je joigne ici des assurances de respect pour les vivants qui sont dans votre secret. Je me rappelle avoir lu autrefois que Socrate, Numa Pompilius et d'autres vivants avaient communication avec des gens de l'autre monde : aujourd'hui je vois avec plaisir que les morts communiquent aussi avec les esprits de ce monde, j'en suis ravi et je vous assure que les confidents que vous avez choisis ne trouveront jamais de serviteur plus zélé que celui qui a l'honneur d'être, etc., MORVAN. »

Tout cela sort passablement des habitudes de notre littérature réaliste ; mais n'est-ce pas à la fois fort spirituel et charmant ?

Je terminerai ce chapitre par quelques fragments d'une lettre que Georgelin, le secrétaire de la *Société Patriotique*, adressait à Morvan, de Corlay, le 12 novembre 1787 :

« Monsieur et très honoré confrère, — L'indignation que je partage avec tous vos Lecteurs de l'injustice de l'Académie françoise à l'égard de votre sublime *ode*, m'a fait adresser à M. Linguet ce quatrain vengeur.

A M. MORVAN

Ta muse honore ta Patrie.
Elle te méritait la palme du génie.
Console-toi des torts du *Parnasse français !*
Le public t'a vengé... Quel prix vaut ce succès ?

...Vous et M. Girard, partagerez ma joie de ce que notre lettré commandant, M. le comte de Thyars, promet l'érection de notre société Patriotique en *académie royale*, à Rennes. Je lui ai fait présenter à ce sujet ces vers par M. l'abbé Delisle, son commensal :

La Bretagne admirait *Euclide* en son Rochon,
En la Tourraille *Anacréon*,
Pindare dans Morvan, dans Bourgblanc *Démosthènes*,
Dans Catuellan, Beaucours, l'éloquent *Ciceron ;*
Ton commensal *Virgile* offre en toi son *Mécenes...* »

Pendant ce temps, Girard, Bérardier, le principal du collège Louis-le-Grand, et M. de Silguy, n'épargnaient aucune démarche près des libraires de la Capitale pour prôner l'ode de Morvan et en assurer le débit ; leurs lettres prouvent combien le caractère du poète-avocat était apprécié de tous ses compatriotes. Dussaulx le conjurait de ne pas se décourager et de continuer ses travaux de littérateur dans ses moments de loisir ; mais le temps des loisirs allait cesser : le grondement des agitations réformistes de 1788 se faisait déjà entendre, présageant les bouleversements révolutionnaires, dont le paisible Morvan allait être lui-même un des acteurs. Nous allons le suivre au milieu de ces agitations pendant les quelques années qui marquèrent la fin de sa trop courte carrière.

IV

La Révolution

Après son échec académique, Morvan s'était promis de ne plus rimer et de rester, suivant le langage du temps, absolument fidèle à Thémis. On sait ce que valent ces serments de poète : autant en emporte le vent. A la première occasion favorable, la muse redevient maîtresse et les serments sont parjurés. Il serait bienséant, à l'aurore de la Révolution, de ne citer de Morvan que des vers patriotiques : nous en récolterons bien quelques-uns à propos de la députation en cour de Kervélégan ; mais la pièce la plus importante est consacrée, sur le ton d'Horace, au vin et à la bonne chère. Nous commencerons donc par le vaudeville, quitte à finir par la tragédie. Nous sommes au printemps de 1788 ; le carême vient de finir, et l'avocat Royou adresse à son collègue une invitation en vers pour un succulent repas pascal :

A ton oreille, à ton palais,
Je veux offrir en abondance
Du vin bien vieux, des vers tout frais !
Je compte sur ton indulgence,
C'est l'apanage du talent.
Il laisse aux sots la suffisance
La morgue et les airs de pédant.

Ne te gêne pas cependant,
Et viens avec pleine licence,
Mon cher, de trouver tout méchant

Morvan répondit :

Serments fallacieux ! Inutile promesse !
N'avais-je pas juré, qu'aux rives du Permesse
On ne me verrait plus sur les pas d'Apollon ?
Las de jouer les Céladon,
J'avais quitté la cour de ces bohémiennes,
Cœurs de Circé, redoutables syrènes,
Dont les accents enivrent la raison,
Qui, nonobstant nos ardeurs éternelles
Bon gré mal gré seront toujours pucelles.
Oui, j'avais tout quitté ; la sévère Thémis
Avait conquis l'empire de mon âme.
Et moi, fier paladin, pour plaire à cette Dame,
J'avais au loin chassé tes chers amis,
Ces gosiers altérés des eaux de l'Hypocrène,
Les Despréaux, les Rousseau, La Fontaine,
Tous gens à pendre et d'un esprit pervers,
Possédés comme toi du démon des beaux vers.
Si quelquefois mon Apollon posthume
Rimait encore, c'était en *ance,* en *ume,*
Je ne rêvais qu'ordonnance et coutume
Tant je craignais de trahir mon serment !
Ta muse a triomphé de ma longue constance ;
Mais que n'ai-je son élégance
Pour répondre au cartel charmant
Dont tu chargeas l'aimable enfant,
Vivant portrait d'une épouse chérie,
Et l'héritier de ton heureux génie ?...
Du vin vieux ! de beaux vers ! Grand Dieu, quelle bombance !
C'est donc ainsi, poète scélérat,
Qu'après quarante jours de jeûne et d'abstinence,
Vous prétendez, vous, juge de prélat,
Nous arracher le fruit de notre pénitence !
Ah ! maudit séducteur, détestable payen.

Je vois que ce fripon d'Horace
T'aura, dans plus d'un entretien,
Inspiré la coupable audace
Qui te rend épicurien !
Hé bien ! de l'ami de Mécène,
Imitons l'exemple fameux,
Que chacun devienne Silène !
Ton vin vieux à flots écumeux,
Bouillonnera de veine en veine,
Comme les sources d'Hypocrène
Inondant le cerveau fumeux
D'un poète inspiré qui fait des vers heureux.

La lyre d'une main, de l'autre une bouteille :
C'était ainsi, qu'en usaient les Chaulieux.
Tantôt leurs vers mélodieux,
Flattaient le cœur et chatouillaient l'oreille,
Et tantôt la liqueur vermeille
Qui cache un feu séditieux,
Dans le temple voluptueux
Faisait naître les ris et les propos joyeux.

Homme pervers ! voilà donc le système
Qu'après le saint temps de Carême
Tu veux faire adopter à Quimper-Corentin !
Pour moi, friand de vers et de bon vin,
J'applaudis de bon cœur à ton noble dessein.
Ami, tout le premier, je serai de la fête.
Pourquoi faut-il, hélas ! que ma triste retraite
Ne puisse t'offrir un festin
Tel que celui que ta muse m'apprête !
Mais il faut subir son destin.
Tu le sais bien, la fortune contraire
D'un froid mortel assiège mon fourneau.
Et puis (pour un rimeur, ô comble de misère !)
Ma cruche au large flanc ne fournit que de l'eau.
Mais loin de moi cette idée importune
Qui peut exciter mon courroux,
J'espère que Dame Fortune
Voudra bien quelque jour me faire les yeux doux.

Dame Fortune s'apprêtait, en effet, à porter Morvan sur le pavois, sinon de la richesse au moins des honneurs : et le poète les accepta sans calculer le péril.

Il ne peut entrer dans le cadre de cette étude de rappeler ici, même sommairement, les événements qui précédèrent la convocation des Etats Généraux de 1789 dans notre province. Ils ont été excellemment décrits par M. Pocquet dans son *Histoire des origines de la révolution en Bretagne* et je les ai moi-même analysés dans mes *Recherches et notices sur les députés bretons en 1789* (1) ; je ne puis que référer à ces deux ouvrages, et dois me contenter de ce qui touche personnellement Olivier Morvan. On sait que le sénéchal de Quimper, Le Goazre de Kervélégan, fut député en Cour vers la fin de l'année 1788 pour réclamer une proportion plus considérable que jadis de l'ordre du tiers aux Etats. A son retour il fut reçu à Quimper avec de grandes démonstrations d'enthousiasme, et Morvan retrouva les accords de sa lyre pour célébrer sa mission dans des strophes qui lui furent chantées dans un banquet donné en son honneur. Je ne les reproduirai pas toutes, car elles sont beaucoup inférieures à celles de ses œuvres précédentes : la dernière suffira pour donner une idée des autres :

La publique allégresse,
D'une commune voix,
Te nomme avec ivresse
Le soutien de nos droits.
Va, fournis ta carrière,
Suis tes nobles élans.
Il n'est plus de barrière
Pour tes rares talents *(bis)*.

Si les vers étaient faibles, l'intention était bonne, et lorsque Kervélégan, nommé député aux Etats Généraux, avisa ses concitoyens de se préparer aux élections qui allaient refondre toutes les administrations locales, il recommanda Morvan à leurs suffrages. L'assemblée électorale se réunit en juin 1790 : commissaire vérificateur pour les pouvoirs de Quimper le

(1) Rennes, Plihon et Hervé, 1er vol. 1888, in-8°.

7 juin, scrutateur le 10, commissaire pour le règlement le 11, Morvan rédigea pour l'assemblée un projet d'*adresse au Roi* qui a été publié dans le procès-verbal et qui le mit en plein relief. Elu d'abord membre du directoire du district de Quimper, le poète avocat ne tarda pas à rencontrer une occasion importante de mettre ses talents en lumière. Une grave discussion s'était élevée, au mois de juin 1790, entre les districts de Quimper et de Brest, pour savoir dans laquelle des deux villes de Quimper, ou de Landerneau, il convenait de placer le chef-lieu du département du Finistère. Les Brestois avaient confié leur défense à Marec, le futur conventionnel, qui publia aussitôt un mémoire concluant en faveur de Landerneau. Les Quimpérois choisirent pour avocat Olivier Morvan qui répliqua par un contre-mémoire intitulé : *Observations du district de Quimper à l'Assemblée Nationale sur l'établissement du chef-lieu du Finistère* (1) et qui fut chargé par ses concitoyens d'aller le porter à Paris aux députés de Bretagne. J'y remarque, entre autres, ce passage fort significatif qui donnera une idée de la prose officielle de Morvan :

« Est-il de l'intérêt général du Royaume et des administrés que le directoire du département soit placé sous les murs de Brest ? Toute la France a été témoin du patriotisme distingué des citoyens et des militaires de cette ville ; nous surtout, nous avons eu l'avantage d'admirer de plus près la conduite noble et courageuse de nos frères et amis de Brest ; nous nous plaisons à rendre un éclatant témoignage à leurs vertus civiques ; mais, nous le demandons aux citoyens de Brest eux-mêmes, la prudence permet-elle d'établir le directoire à quatre lieues de leur ville ? Considérez, Messieurs, que cet arsenal, ce dépôt des plus grandes forces navales du royaume, est entièrement dans la dépendance du pouvoir exécutif. Les ministres, tendant toujours à accroître leur autorité, prodigueraient les faveurs, pour l'affermir, surtout dans les villes les plus importantes. Dans ce moment, sans doute, ils ne trouveraient pas à Brest un seul citoyen qui ne repoussât leurs perfides caresses ; mais les choses peuvent changer ; l'enthousiasme de la liberté peut insensiblement perdre de son énergie et faire enfin place à l'égoïsme. Peut-être, dans la suite, des citoyens dégénérés

(1) *Quimper*, 1790, in-8°.

de la vertu de leurs pères, donneraient-ils au pouvoir ministériel une influence absolue dans la ville de Brest, et la réaction de ce pouvoir, éternel ennemi de la liberté, frapperait sur le directoire, qui sans cesse intimidé par l'appareil de la force, finirait par n'être plus que l'instrument passif du pouvoir arbitraire. C'est aux illustres Français qui ont posé les fondements de la constitution au milieu des foudres du despotisme, c'est à ces conquérants de la liberté que nous demandons si le directoire, ce palladium de la liberté, doit être placé à la bouche du canon dont la mèche, si l'on peut le dire, est dans la main des ministres ?

Les ministres sont responsables ! oui. Mais combien d'hommes qui ne connaissent aucun frein ! (1) »

Cet argument était de nature à faire une vive impression sur les membres de l'assemblée, aussi n'insisterons-nous pas sur les autres, en particulier sur ceux qui étaient tirés du trop grand éloignement de Landerneau et de la position bien centrale de Quimper, entre les deux places de guerre de Lorient et de Brest. La discussion fut vive, mais Morvan l'emporta sur Marec : le chef-lieu fut fixé à Quimper, et les deux antagonistes, en récompense de leurs efforts, furent élus, le 3 août 1790, chacun par leur district respectif, *membres du directoire du département.* Morvan accepta, sans se douter qu'il venait de signer son arrêt de mort.

Pendant trois ans, il resta constamment sur la brèche, apportant tout son concours à l'établissement du nouveau régime, et spécialement chargé de l'administration des biens nationaux et de leur vente, des traitements et pensions ecclésiastiques, des mesures relatives à la suppression des droits féodaux, des affaires commerciales et de l'organisation des municipalités ; vaste besogne au milieu de laquelle il trouvait encore le temps de défendre des prévenus de toute sorte devant le tribunal du district et devant le tribunal criminel du département, car je trouve, dans ses papiers, un nombre considérable de minutes de plaidoyers, tous écrits de sa main et portant des dates qui s'étendent jusqu'au milieu de l'année 1793 (2). Il

(1) Manuscrit original des papiers de Morvan.

(2) L'un d'eux est en faveur d'un certain Mathieu *Bernadotte,* soldat au régi-

eut malheureusement part, avec tous ses collègues, aux mesures violentes et arbitraires que prit le directoire du Finistère en 1791 et en 1792, même avant que les pouvoirs législatifs ne les eussent prescrites, pour établir le schisme religieux par la force et pour faire arrêter, puis incarcérer au château de Brest, les prêtres orthodoxes qui refusaient de prêter serment à la constitution civile du clergé. J'ai dit ailleurs que l'évêque intrus Expilly, et son vicaire épiscopal Gomaire, tous les deux membres du directoire du département, avaient été les principaux fauteurs de ces mesures cruelles et dictatoriales qui furent une des causes principales de la guerre civile bientôt allumée dans toute la région (1) : mais si la plus grande part de responsabilité leur incombe en raison même de leur insistance pour les obtenir, et surtout eu égard au caractère sacerdotal dont ils étaient revêtus et à leur obstination à se déclarer catholiques malgré le pape, il est juste d'en attribuer une à tous leurs collaborateurs.

Au mois de mars 1791, Morvan fut élu, pour prix de son zèle, *juge suppléant au tribunal de Cassation* séant à Paris, mais il refusa cet honneur et j'en trouve les motifs dans cette lettre qu'il adressait, le 2 avril, au juge titulaire :

« Monsieur, les juges suppléans au tribunal de Cassation ayant la liberté de refuser de se rendre à Paris, ainsi que vous m'avez fait l'honneur de me l'écrire le 24 du mois dernier, je prends le parti de rester.

M. l'évêque (Expilly) m'offrait une place dans sa berline, j'aurais encore vu Paris et cette illustre assemblée qui fixe les destins de la France ; les personnes qui s'intéressent le plus à moi, m'engageaient à partir ; mon paquet est dans la valise, je vais voyager dans la plus aimable compagnie.... non, tout-à-coup je change d'avis, je résiste à tous les moyens de séduction et je reste à Quimper.

ment cy devant de la Reyne, accusé de faux et qui fut condamné à 4 ans de fers. — Je rencontre çà et là dans ces plaidoyers des passages admiratifs et respirant l'enthousiasme, à l'occasion des nouvelles jurisprudences adoptées par les assemblées législatives. — Tout cela dans le style ampoulé de l'époque : mais il faudrait une étude complète de ces plaidoyers pour en tirer quelques conclusions intéressantes, et cette étude ne peut entrer dans le cadre de notre notice.

(1) Voir ma notice sur Expilly, dans *Recherches et notices sur les députés de la Bretagne en 1789*, I, 285, etc.

Ne croyez cependant pas, Monsieur, que ce changement subit n'ait été que l'effet d'une bizarrerie. Non : la dernière partie de votre lettre où vous m'annoncez que mon séjour à Paris doit être très court, de deux à trois mois ; les dépenses inséparables d'un long voyage et de la position nouvelle où j'allais me trouver ; la crainte de mal répondre à la confiance qui m'appelait sur un trop grand théâtre ; une apathie naturelle pour les places éminentes, toujours environnées d'écueils, toutes ces considérations ont prévalu et fixé ma résolution dernière. Une chose me flattera toujours infiniment, Monsieur, c'est l'honneur d'avoir été en concurrence avec vous et d'être votre suppléant. Je suis, etc... »

Au mois d'octobre 1792, le directoire du département du Finistère, constatant que le district de Carhaix n'avait encore fourni aucun état des biens soumis au séquestre, d'après la loi rendue contre les Emigrés, envoya Morvan et Magnan, en qualité de commissaires dans ce district pour dresser l'état de tous ces biens, procéder à la vérification de la caisse du directoire du district et mettre à jour les diverses affaires de son administration fort en retard ; et il leur donna pleins pouvoirs à cet effet, « se référant absolument à leur sagesse et à leur prudence pour les mesures qu'ils croiraient devoir mettre en usage pour l'entière réussite de leur mission. »

A son retour, il eut à s'occuper de nouveau des discussions qui reprenaient très actives au sujet de la translation du chef-lieu du département. Prat, Bergevin et Defosse venaient d'adresser, au nom des Brestois, un mémoire à la Convention Nationale pour représenter que la fixation du chef-lieu à Quimper n'avait été que provisoire et pour demander qu'on le transférât définitivement à Landerneau. Morvan reprit la plume en faveur de Quimper et répliqua vigoureusement aux Brestois. Je ne sais si ce second mémoire fut imprimé : il semble d'après quelques passages du manuscrit, très chargé de ratures, que j'ai sous les yeux, qu'il a dû l'être, mais je n'en ai pas retrouvé d'exemplaires et n'en parlerai, par conséquent, que d'après la minute. J'y remarque en particulier qu'après la dissolution de l'Assemblée Constituante, Brest avait de nouveau réclamé près de l'Assemblée Législative, et que sa dernière adresse à la Convention était la troisième tentative faite au détriment de Quimper, comme si l'obéissance aux décrets ne devait pas être la première vertu des Républicains. Trois autres districts, ceux de Landerneau, Lesneven et Morlaix, tout l'ancien pays de Léon, s'étaient unis à celui de Brest, et luttaient avec acharnement contre les cinq districts de Cornouailles : Quimper, Quimperlé, Carhaix, Pont-Croix et Châteaulin. Il est vrai, disait Morvan, que la population et les contributions des quatre districts de l'ancien pays de Léon, excèdent celles des cinq autres :

« Mais, qu'en concluez-vous ? Que le chef-lieu doit être plus près de vous ? Nous en tirons une conclusion toute contraire et qui nous paraît plus conforme aux principes d'une saine politique. Les premiers regards d'une sage administration se tournent vers l'agriculture, l'industrie et le commerce ; les voit-elle languir dans quelque partie de son territoire, elle emploie tous les moyens de les ranimer ; plus elle est rapprochée des points qui sollicitent sa surveillance et sa protection, plus elle est à portée de les secourir.

L'administration étant toute paternelle, elle doit porter l'œil du maître sur les parties les plus pauvres et les plus négligées de son domaine. Or, Quimper est vraiment au centre des districts où l'agriculture, l'industrie et le commerce sont dans un état d'abandon et de langueur.

Du reste, ajoutait-il, ce n'est pas le nombre des habitants, mais bien le nombre des districts et des cantons qui doit déterminer la fixation d'un chef-lieu. Serait-il juste de forcer des hommes pauvres qui sont à l'extrémité du département, de faire des dépenses au-dessus de leurs facultés, pour se rendre, quand les circonstances l'exigent, auprès d'une administration placée au sein des cantons les plus fortunés ? La justice ne doit-elle pas être à la même distance des justiciables, et le pauvre ne doit-il même pas la trouver pour ainsi dire à sa porte ?... »

Enfin il insistait encore, sur le nombre considérable d'étrangers compris à Brest, au nombre des électeurs, sur l'intérêt stratégique et sur les dépenses considérables qu'entraînerait le transfert. Son mémoire se terminait par cette apostrophe :

« Vous répétez jusqu'à trois fois que votre volonté invariable est que le siège de l'administration soit transféré à Landerneau. Et à qui donc dictez-vous cette volonté suprême sinon à la nation elle-même dans la personne de ses représentants ? Votre volonté est donc bien impérieuse puisqu'elle commande aux législateurs ! Cette prétention ne serait que ridicule si on n'y voyait l'arrogance du plus effrayant despotisme. Non ; les rois dans leur toute puissance n'ont jamais parlé un autre langage. Si tel est le ton que prennent les électeurs de Brest avec la convention nationale, comment serait donc traitée l'administration du département si jamais on avait l'impolitique de la placer aux portes de cette ville. »

Pour la troisième fois Morvan gagna son procès ; mais ce fut le dernier ; les temps terribles étaient proches. En vain passait-il ses loisirs à traduire en vers latins l'hymne des Marseillais, en transformant assez originalement sa traduction en un centon composé de plusieurs passages extraits textuellement du livre des Machabées ou de celui de Judith, afin de faire chanter cette strophe dans les fêtes nationales à la place des anciennes hymnes de l'église (1) : En vain continuait-il à donner chaque jour des preuves du patriotisme le plus désintéressé. Il avait, avec tous ses collègues, pris part depuis la fin de l'année 1792 à une lutte acharnée contre la Montagne ; il avait signé cette lettre du 29 décembre dans laquelle l'administration départementale du Finistère répondant aux huit députés du département qui lui avaient représenté la Con-

(1) Voici cette curieuse transformation de la Marseillaise.

Ad arma, cives, ad arma !
Et exite cum impetu :
Ipsi veniunt ad nos,
In multitudine contumaci.
Veniunt in superbiâ
Ut dispendant nos,
Nos et uxores nostras,
Uxores nostras et filios nostros,
Nos vero pugnavimus
Pro legibus nostris.
Ad arma, ad arma !
Exite, exite cum impetu !

(*Machabées*, l. I, ch. III, v. 20 ; *Judith*, ch. XIV, v. 2.)

vention comme « incessamment troublée par les agitations d'une cinquantaine d'hommes pétulants » leur disait : « nos plus grands ennemis sont dans votre sein ; les Marat, les Robespierre, les Danton, etc., voilà les anarchistes, voilà les contre-révolutionnaires ; ils ont le titre de vos collègues ; mais ils sont indignes de l'être, puisqu'ils sont même indignes du nom français. Chassez-les donc, éloignez-les donc au plus tôt, repoussez-les de vos délibérations, vous n'avez rien de commun avec eux, vous ne pouvez respirer le même air que des scélérats » (1). Plus tard il avait voté la levée de 400 hommes, portée le 2 juin à 600, puis le 16 à 4,400, qui devaient se rendre immédiatement à Paris pour délivrer la Convention ; il avait signé l'adresse demandant la réunion à Bourges des députés suppléants. Après la mise hors la loi des Girondins, il avait, toujours avec ses autres collègues de l'administration départementale, envoyé à tous les départements de France une protestation énergique, invité les départements de l'Ouest à former à Laval un comité de résistance, et équipé pour l'armée du Calvados un bataillon que son beau-frère, Danguy des Déserts, avait été chargé d'organiser. Or, tout cela avait été inutile ; l'armée du Calvados avait été battue, les Girondins étaient en fuite et la Montagne victorieuse. Les jours de tous les administrateurs du Finistère étaient comptés.

Le 19 juillet, la Convention, ou plutôt la Montagne, affamée de vengeance, les décrétait d'accusation « pour avoir tenté d'avilir la représentation nationale, d'usurper l'autorité du souverain et comme coupables d'entreprises contre-révolutionnaires. »

Les administrateurs décrétés avaient donné tant de gages de leur dévouement à la révolution, qu'une condamnation capitale leur semblait invraisemblable. Les uns furent arrêtés et les autres se constituèrent volontairement prisonniers. Parmi ces naïfs sublimes, car je ne puis leur donner d'autre nom, figurent Le Prédour et Morvan, qui, le premier de Châteaulin, le second, de Quimper, au lieu de se cacher prudemment et d'attendre de meilleurs jours, allèrent se jeter bénévolement, à Landerneau, dans les serres implacables du tri-

(1) Levot, *Brest sous la Terreur*, p. 298.

bunal révolutionnaire de Brest. Hélas ! les renseignements qu'ils reçurent à la prison de Landerneau sur les dispositions du farouche président Ragmey et de l'accusateur Donzé-Verteuil (deux noms fort heureusement étrangers à la Bretagne), leur démontrèrent bientôt qu'ils s'étaient bercés d'un fol espoir et que leur sort était, dès avant le jugement, décidé. Plusieurs, pourtant, ne se découragèrent point et Morvan signa avec Bergevin, Le Denmat, Mérienne et Guillier, un mémoire explicatif de leur conduite intitulé : *Aux sociétés populaires et aux citoyens du Finistère* (1), pendant que dix autres de leurs collègues publiaient le *Mémoire des anciens administrateurs du département du Finistère* (2). La Convention elle-même n'avait-elle pas, par un décret daté du 24 mai, mis sous la sauvegarde des bons citoyens et des départements, la fortune publique, la représentation nationale et la ville de Paris ? Mais il s'agissait bien du 24 mai ! Le 31 mai l'avait effacé, et vengeance terrible devait être tirée de ceux qui avaient cru devoir déférer à l'invitation du 24. Robespierre et ses amis ne voulurent admettre aucune excuse : l'attitude que l'administration départementale du Finistère avait prise à leur égard datait de beaucoup plus loin et l'on avait résolu de frapper un coup terrible, pour montrer à toutes les administrations départementales de France, par un exemple épouvantable et sanglant, qu'il leur fallait marcher d'accord avec la Montagne ou se voir impitoyablement sacrifiées.

Bientôt les détenus furent transférés au château de Brest, antichambre du tribunal révolutionnaire, là même où ils avaient entassé, deux ans auparavant, les prêtres orthodoxes. Morvan conservait encore une lueur d'espoir : on avait cru savoir que l'accusation serait abandonnée vis-à-vis de quelques-uns des moins compromis, et, pour rassurer sa famille, il écrivait à son beau-frère Danguy des Déserts : « Avant peu, j'aurai le plaisir de t'embrasser, car aucune charge ne pèse sur moi ; mon patriotisme est connu, et je suis certain d'être bientôt mis en liberté (3). »

(1) Landerneau, Turnier, 18 p. in-4°.

(2) Landerneau, Guyon père et fils, 58 p. in-8°. — Et voyez Levot, *Brest sous la Terreur*, p. 310 à 315.

(3) Le général Morvan, notice biographique, p. 9.

Cependant, les scellés avaient été mis sur tous les papiers des administrateurs, l'acte d'accusation était rédigé, et l'on refusait aux détenus jusqu'à la lumière pour préparer leur défense et la faculté de produire les pièces qu'ils avaient intérêt à faire connaître. Le moment suprême était arrivé et le jugement allait avoir lieu, lorsqu'on fut obligé d'envoyer la guillotine à Morlaix. On attendit qu'elle fût de retour. C'était indiquer d'avance que l'on comptait bien s'en servir pour les administrateurs. Morvan perdit alors tout espoir, et le cœur déchiré par les angoisses que lui causait la pensée de ses enfants, tout à l'heure orphelins (car leur mère était morte en 1787, peu après la naissance de Frédéric), il fit une action que l'on admirerait dans les histoires de l'ancienne Sparte. Il obtint de ses geôliers la permission d'aller embrasser son fils et sa fille, promettant de revenir se livrer à la date fixée.

Je laisserai à l'une de ses petites filles le soin de raconter cette entrevue suprême, dont elle a placé le récit en tête de sa biographie du général Morvan. « L'heure de l'illusion était passée, dit-elle ; on savait qu'une fois le jugement décidé, l'exécution suivrait de près, et cette agonie anticipée avait toute l'horreur d'un double supplice, celui du cœur en même temps que celui du corps. L'enfant qui avait alors sept ans, était resté à Quimper, rue des Gentilshommes, chez les sœurs de son père. Il était atteint de la petite vérole et l'éruption, en lui couvrant le visage et le privant momentanément de la vue, lui déroba le dernier regard de son père. Il entendit seulement les pas agités de ce dernier qui se promenait dans sa chambre, sentit cette main vénérée se poser sur sa tête, et les larmes du condamné tomber sur son front. Ce fut pour Frédéric la bénédiction d'un martyr : et cette scène resta si profondément gravée dans sa mémoire, que dans les derniers jours de sa vieillesse, il avait encore des larmes dans la voix quand il en évoquait le douloureux souvenir... (1) »

Quel tableau dramatique ! Il est rigoureusement vrai. J'ai eu l'honneur de converser à Lorient avec le vieux général dans les derniers temps de sa vie ; et cette visite, qu'il ne put qu'en-

(1) Le général Morvan, *Notice biog.* p. 10.

tendre, lui était présente en 1872 comme en mai 1794... Les derniers actes du drame allaient encore être plus terribles.

Le 30 floréal, an III, veille du jugement, à sept heures du soir, trois copies seulement de l'acte d'accusation qui comprenait dix-sept pages furent notifiées par huissier, non pas aux prisonniers, mais à leurs défenseurs qui coururent en toute hâte au Château et passèrent la nuit à recueillir les notes des détenus : deux cultivateurs, Postic et Derrien, aussi membres du département, mais complètement illettrés, avaient confié la rédaction des leurs à Morvan qui ne s'occupa point seulement de sa défense mais encore de celle de ses deux compagnons les plus abandonnés par le Destin.

Mais qu'était-il besoin de préparer même les éléments d'une défense ? Le tribunal était bien décidé à étouffer la voix des défenseurs.

Le 1er prairial, à six heures du matin, toute la garnison de Brest étant sous les armes, 4000 hommes de troupes étant échelonnés dans les rues que les accusés devaient traverser, et 800 maratistes étant spécialement chargés de la surveillance du cortège, les 30 détenus furent menés du Château à l'ancienne chapelle des Jésuites, où siégeait le farouche tribunal. Au fond du sanctuaire, devant une table surchargée de papiers, étaient assis les juges, coiffés du bonnet rouge, présidés par le franc-comtois Ragmey, qui avait précédemment terrorisé le département du Jura. A gauche de cette table avaient pris place le Belfortais Donzé-Verteuil, ex-abbé défroqué, même, assurait-on, ci-devant soi-disant jésuite, ancien collaborateur de l'*Année littéraire* de Fréron, maintenant accusateur public près le tribunal révolutionnaire, et son substitut Bonnet, jadis procureur au Chatelet, puis secrétaire de Fouquier-Tinville, près de qui il avait appris à expédier sommairement les actes de la prétendue justice populaire. Derrière eux, sur une estrade, étaient les jurés, et en face, sur une autre estrade, les accusés, placés chacun entre deux gendarmes, le sabre au poing, et éloignés de leurs défenseurs qui ne pouvaient communiquer avec eux. Des piquets maratistes gardaient toutes les issues (1).

(1) Levot, *Brest sous la Terreur*, p. 314.

Les deux premiers jours furent consacrés à la lecture d'une foule de pièces dont les défenseurs n'avaient eu aucune connaissance. On appela des témoins à décharge, mais on ne les laissa pas parler : sur l'ordre de Ragmey un gendarme mit la main sur la bouche de l'un d'eux et étouffa sa voix. Le troisième jour, la parole fut accordée aux prétendus défenseurs, mais on usa vis-à-vis d'eux, comme vis-à-vis des témoins, du même système d'intimidation. Riou-Kersalaun et Le Hir étaient pourtant habitués aux procédés expéditifs du tribunal : mais cette fois toute mesure fut dépassée. Riou avait à peine commencé à développer ce thème que les administrateurs n'avaient jamais eu d'autre but que le salut public et n'avaient été animés que de l'amour de la patrie, que Ragmey l'interpella brusquement : — « Avant que tu ailles plus loin, citoyen défenseur, le tribunal a besoin de connaître tes opinions *personnelles* sur les arrêtés de cette administration. » Et comme Riou, stupéfait, ne trouvait pas de réponse : « Le tribunal, cria Ragmey, t'interpelle de t'expliquer et te demande si tu ne regardes pas ces arrêtés comme liberticides, parce que d'après ta réponse, il aura peut-être alors des mesures à prendre à ton égard ! (1) »

Si la défense, ainsi paralysée, fut réduite à n'invoquer que des considérations tirées de la moralité personnelle des accusés, on pense bien que ceux-ci ne trouvèrent pas meilleur accueil dans leurs protestations devant le tribunal. Morvan ayant voulu ajouter quelques détails à ceux que Le Hir avait donnés sur sa vie publique et privée, et protester contre l'absurde accusation d'avoir voulu livrer le port de Brest aux Anglais, Ragmey l'arrêta net, en criant, avec de féroces mouvements d'yeux, qu'il fallait « se renfermer dans les faits de l'accusation, et non divaguer dans des éloges étrangers. » Un peu plus tard, comme Morvan désirait ajouter quelques mots en faveur de Postic et de Derrien, le président lui ferma la bouche par ces mots : « Le tribunal ne vous écoute plus. »

Tout fut inutile. Ragmey résuma les débats, si l'on peut dire qu'il y eût effectivement débats, en aggravant encore l'acte d'accusation, et posa aux jurés les deux questions suivantes :

(1) Levot, *Brest sous la Terreur*, p. 316.

1° Est-il constant qu'il a existé une conspiration contre la liberté du peuple français, tendant à rompre l'unité et l'indivisibilité de la République, à allumer le feu de la guerre civile en armant les citoyens les uns contre les autres, en les provoquant à la désobéissance à la loi et à la révolte contre l'autorité légitime de la représentation nationale ?

2° Les accusés sont-ils convaincus d'être auteurs ou complices de cette conspiration ?

Le jury répondit : non, pour quatre des accusés à qui il avait été convenu d'avance qu'on ferait grâce ; oui, pour les vingt-six autres.

En conséquence les vingt-six administrateurs : le chevalier de *Kergariou,* ancien maréchal de camp et chevalier de Saint-Louis, leur président ; *Brichet,* leur procureur général syndic ; *Aymez,* leur secrétaire général ; *Morvan, Guillier, Bergevin, Dubois, Doucin, Derrien, Postic, Cuny, Le Roux, Le Prédour, Daniel-Kersaux, Expilly,* évêque constitutionnel du Finistère, *Herpeu, Mérienne, Malmanche, Banéat, Lepennec, Le Thoux, Déniel, Moulin, Le Gac, Piclet* et *Le Denmat,* furent condamnés à mort et exécutés *le soir même,* entre six et sept heures, le 3 prairial, an II (22 mai 1794), sur la place du *triomphe du peuple,* aujourd'hui place du château.

« Un crêpe funèbre semblait voiler le tribunal, écrivait quelques jours après l'avocat Le Hir, rendant compte de cette scène sinistre. L'heure des ombres s'approchait et avec elle l'heure dernière : toutes les poitrines étaient haletantes, et quand on entendit prononcer sur l'honneur et la conscience l'égorgement des vingt-six administrateurs, l'effroi, la désolation fut à son comble. Mon sang était figé. Je ne sais comment je retrouvai ma demeure sur le Pont de Terre. Je m'enfermai pour rendre compte de ce terrible évènement à une femme de grand cœur qui s'intéressait au sort de l'innocence. Je ne m'exprimais que par mots entrecoupés, et ces larmes abondantes n'augmentaient pas mon courage. Un bruit sourd nous fit courir à la fenêtre. Ciel ! C'étaient les vingt-six administrateurs, entassés dans les charettes fatales, en corps de chemise, la tête nue, les cheveux coupés, les mains liées derrière le dos ! O surprise ! O terreur ! Je ne faisais que de les quitter, je ne pouvais penser qu'en si peu d'instants, on eût pu déployer tant de rage et de célérité ! La force me manqua et ma santé en fut altérée pendant plusieurs mois... »

Par un raffinement inouï de cruauté, et pour rendre plus terrible encore cette boucherie humaine, le bourreau Ance, ce Rochefortais abominable qui se faisait appeler l'Adonis de la guillotine, au lieu de laisser les têtes tomber dans le panier destiné à les recevoir, les rangeait symétriquement sous les yeux de ceux des condamnés qui attendaient leur tour, dans l'espoir que ce spectacle ferait faiblir quelques uns d'entre eux. Mais pas un ne manqua de courage. Expilly, l'évêque schismatique, qui expiait chèrement son ambition coupable et qui s'était écrié peu après le prononcé du jugement : « C'est beaucoup de paraître dans la même journée devant le tribunal des hommes et devant celui de Dieu, » avait été réservé pour le dernier coup. Il leur avait donné à tous l'absolution générale et plusieurs s'étaient confessés directement à lui.

Après un pareil martyre, je n'ai pas le courage d'examiner si Morvan et la plupart de ses collègues n'avaient pas à se reprocher, contre la liberté même et en particulier contre la liberté de conscience, des fautes que l'entraînement des circonstances et les sophismes de rhéteurs ou de sectaires plus coupables qu'eux leur avaient fait commettre. Le sang versé ainsi purifie et réclame le pardon. Mais je ne voudrais par terminer, par une scène aussi lugubre, une étude commencée sous de riantes et poétiques couleurs. Je me transporterai donc à 75 ans plus tard, alors que le fils du condamné, entré à l'école polytechnique en l'an XIII, devenu général de division du génie et Grand officier de la Légion d'honneur, habitait Lorient où il s'était fixé après sa retraite.

Un jour, vers 1867, il fit un voyage à Paris et désira revoir son ancien camarade, le maréchal Vaillant, qui habitait au Corps Législatif. Comme il se présentait au Palais Bourbon, on lui dit que le maréchal partait à cheval avec ses aides de camp pour une promenade militaire et qu'il n'était pas visible. En effet les tambours battaient déjà aux champs pour la sortie. Le visiteur se disposait à se retirer, quand il aperçut le maréchal Vaillant en grand uniforme et entouré de son état-major, se livrant à une mimique désespérée pour faire taire les tambours. Il avait reconnu Morvan et descendait de cheval pour se jeter dans les bras de son vieux compagnon d'armes.

Ce trait touchant me console des scènes féroces du tribunal révolutionnaire. Et qui sait ? le général n'eut peut-être pas fourni une si noble carrière, s'il n'avait tenu à honneur de montrer à la France que le sang de certains suppliciés fait parfois germer des héros (1).

FIN.

(1) De la même façon un fils de Le Prédour est devenu vice-amiral.

www.ingramcontent.com/pod-product-compliance
Ingram Content Group UK Ltd.
Pitfield, Milton Keynes, MK11 3LW, UK
UKHW022129260726
13993UKWH00003B/1332

9 782329 312897